体育强国战略下运动训练专业改革与创新人才培养研究

李实 著

南开大学出版社 天津社会科学院出版社

图书在版编目(CIP)数据

体育强国战略下运动训练专业改革与创新人才培养研究 / 李实著. -- 天津：南开大学出版社：天津社会科学院出版社，2022.12
ISBN 978-7-310-06337-6

Ⅰ. ①体… Ⅱ. ①李… Ⅲ. ①体育运动-运动训练-教学改革-研究-中国②运动员-人才培养-研究-中国
Ⅳ. ①G808.1

中国版本图书馆 CIP 数据核字(2022)第 211752 号

体育强国战略下运动训练专业改革与创新人才培养研究
TIYU QIANGGUO ZHANLUE XIA YUNDONG XUNLIAN ZHUANYE GAIGE YU CHUANGXIN RENCAI PEIYANG YANJIU

南開大學出版社
天津社会科学院出版社 出版发行
出版人:陈　敬
地址:天津市南开区卫津路 94 号　邮政编码:300071
营销部电话:(022)23508339　营销部传真:(022)23508542
https://nkup.nankai.edu.cn

天津午阳印刷股份有限公司印刷　全国各地新华书店经销
2022 年 12 月第 1 版　2022 年 12 月第 1 次印刷
710 毫米×1000 毫米　16 开本　10.5 印张　164 千字
定价:58.00 元

如遇图书印装质量问题,请与本社营销部联系调换,电话(022)23508339

自　序

天津体育学院运动训练学院中的运动训练专业始建于1964年，是天津市高校中唯一一个围绕竞技体育进行人才培养的本科专业。几十年来，为国家培养了大批竞技体育专业人才。天津体育学院培养的棒球、田径、摔跤、藤毽球、网球、赛艇、橄榄球等项目运动员曾在全运会等国内外大赛中取得优异成绩。游泳、排球、篮球等项目在全国大学生、全国体育院校等比赛中名列前茅。郑海霞、陈建新、李晶晶等著名教练员、运动员都在我校运动训练专业完成学历教育。

天津体育学院运动训练学院坚持将“世界眼光，国内一流”作为推动运动训练专业科学发展的重要思路。在体育强国战略指引下，学院在知识创新、人才出新方面彰显出巨大活力，积极推进体育学学科体系的迭代升级。以社会需求为导向，创新运动训练专业人才培养新思路、新模式，优化学院机构的设置。组建了7个科技助力竞技体育研究中心、工作室，即机能监测与高效恢复工作室、运动技战术分析工作室、运动康复与治疗工作室、体能训练中心、运动营养与健康组学研究中心、心理调控与卓越表现研究中心、天津市游泳运动科学研究中心。成立了5个综合教研室，建立了现代教学实训平台和虚拟仿真实验室。学院拥有本、硕、博学生900多人，学院注重科学制订运动训练专业人才培养方案，设置体能、康复、技战术分析、教学训练四个方向，主动适应科技助力竞技体育发展需求。

多年来，天津体育学院逐渐形成了“科学训练，科技服务，博学创新”的学习风气，突出“理论与训练，训练与竞赛，竞赛与科技服务”相结合的教育教学发展理念，突出运动训练专业“继承传统优势，发扬体育精神，推动科技保障”的办学特色，坚持立德树人的发展理念，培养能够提升竞技体育综合实力，符合竞技体育发展规律，优秀的运动训练专业人才。

天津体育学院运动训练学院始终坚持人才强校战略，根据专业需要，加大人才培养力度，师资队伍结构不断优化，师资队伍建设取得显著成效。截止目前，本专业拥有教师65人，有高级专业技术职务教师占师资队伍的58%，博士生导师占12%，硕士生导师占56%，教师中具有博士和硕士学位的人员比例达82%，26名教师具有运动健将等级，技术代表，国际级、国家级裁判共14人，教师中45岁以下的中青年教师占教师总数的57.7%。此外，学院重视开拓教师的视野，加强国际交流与合作，有境外学习、交流、培训经历的教师17人。

天津体育学院在“十二五”期间，运动训练专业被评为天津市战略性新兴产业相关专业，2017年获批天津市普通高等学校优势特色专业。2019年获得国家级一流专业首批建设点。

天津体育学院拥有多门国家级/市级精品课、多门市级一流课程、多项市级教学团队；1项市级《运动训练虚拟仿真课程》建设项目，多门课程成为市级课程思政示范课，多项市级教学成果奖；多名教师执教国家队和省市级高水平运动队以及执裁国内外大型赛事；多名教师带领组建的各个科技服务保障团队深入国家队、一线运动队等，为运动队取得优异成绩科技助力，做出了突出贡献，受到了领导、教练员们的高度评价和各级政府的表彰。由天津体育学院专家组成的科技团队为中国女排“五连冠”、竞走等项目取得优异成绩做出了突出贡献。近年来，我院还承担多项奥运攻关课题，在奥运会、全运会中发挥了积极作用，受到了上级领导的表彰。天津体育学院还举办过多次全国排球、篮球、田径、游泳等项目高级教练员岗位培训，与中华体育基金会合作共同建立了“中国运动员创业培训学院”。

近五年来，天津体育学院运动训练学院承担国家级课题4项、省部级科研项目30多项，厅局级及横向课题10余项，科研经费累计200多万元，并取得多项标志性和突破性成果。学院还立项天津市普通高等学校本科教学质量与教学改革研究计划项目3项，重点项目2项；天津市教育科学规划课题10项；校级一般教改项目10余项；获得省部级教学成果奖2项，省部级科学技术和社会科学奖 3 项，与体育相关单位共建几十个实习基地。

天津体育学院秉持“全程化、专业化、精准化、一体化”的理念发展教育事业，近年来毕业生考研率、就业率逐年提高，并且也位于较高水平。天津体育学院注重国际化办学水平，先后与日本、澳大利亚等国家名校建立合作关系，建立了互派留学生的办学机制。

李实

2022 年 1 月 8 日

目　录

绪 论

建设体育强国是我国建成社会主义现代化强国的重要组成部分,体育强国建设离不开科技的发展,先进科技在竞技体育的选材、训练、竞赛、后勤保障(装备、器材、医疗、营养)等方面的应用为各运动项目提供了巨大的发展空间,显著提高了各项目运动水平。本书以天津体育学院为例,对运动训练专业改革与创新人才培养进行了研究。

在竞技体育国家战略指引下,天津体育学院在知识创新、人才出新方面彰显出巨大活力,积极推进体育学学科体系的迭代升级,围绕科技助力竞技体育组建了研究中心、工作室和教研室,即运动机能监测与高效恢复工作室、技战术分析工作室、运动康复与治疗工作室、体能训练中心、运动营养与健康组学研究中心、心理调控与卓越表现研究中心和天津市游泳研究中心。

天津体育学院坚持将“世界眼光,国际标准”作为推动竞技体育科学发展的重要思路,还积极推动与南开大学、天津大学、天津中医药大学、澳大利亚南十字星大学、日本鹿屋体育大学等相关学科交叉集成,培育与形成新的研究方向、路径和范式,构筑新时代体育科学发展的新理念和新体系。天津体育学院积极响应国家要加快完善举国体制与市场体制相结合的竞技体育科技发展模式的要求,科学统筹国际国内优质体育科技资源,构建科学合理训练体系,建设了一支能征善战、思想坚定、技术超群的竞技体育科研保障复合型团队。同时,天津体育学院还构建了跨学科、跨地域、跨行业的体育科技协同创新平台,加强科研攻关、科技服务和医疗保障工作,提升科技创新助力竞技体育综合实力,增强为国争光的能力。

一、国内外研究现状

我国高校运动训练专业是在20世纪竞技体育举国体制下创办的，已经过了几十年的发展历程，培养了一大批以运动员、教练员为主要类型的运动训练专业人才，为我国体育事业的发展做出了一定的贡献。当前，运动训练专业正面临新的形势，国内许多综合性大学创办体育院系，纷纷设置运动训练专业，造成运动训练专业办学规模急剧扩张，办学水平参差不齐，质量不高，人才培养只注重运动技能的提高而忽视科学知识学习与应用，不能将体育科技很好应用到竞技体育主战场。由于教练员岗位萎缩，一些高校运动训练专业建设与实践研究也没能很好地解决学生的出路问题。同时，竞技体育职业化教练员团队需要大量体育科技助力人才，同样缺乏此方面的探索与实践。

国际上设有运动训练专业的高校主要是在竞技体育发达国家，最具代表性、且办学水平比较高的是德国科隆体育大学和俄罗斯国立体育学院，许多的世界著名教练员都出自这两所学校，还有美国的北卡罗来大学等高校，这些院校的共同特点是体育科研水平高，注重培养教练员科学训练能力。

二、研究的意义及研究目标

当前，我国体育与西方发达国家的差距主要体现在体育科技方面。体育科技在一定程度上制约着我国体育强国目标的实现。实践证明，发达国家和体育强国把科技手段作为克敌制胜的法宝，而在我国的竞技体育中，科技含量不高，手段落后，信息不灵，严重制约了竞技水平的提高。

在当代竞技体育发展中最显著的标志就是教练员队伍建设更加专业化、科学化、智能化、团队化。因此，竞技体育除了要培养大批优秀的运动员外，还要培养高水平的教练员队伍，即科研教练、体能教练、恢复康复训练师和运动队管理者等，也要拥有一支能为教练员制订方案、提供决策、指挥比赛提供帮助的信息团队。因此，改造运动训练专业，创新人才培养模式，适应运动训练科学化是体育强国战略的必然要求。

本研究以科技助奥为引领，探索体育强国战略下高校运动训练专业改革。即改革人才培养方案，培养学生不仅具有专项理论和技能，同时具备服务竞技体育领域所需的体能训练、技战术分析、机能康复与恢复、运动营养、心理调控等方面的专门人才，提高人才培养质量，拓宽就业途径。

在运动训练专业建设和教学改革中，要将发展要求和发展路径与体育教育等专业区分开。将培养方案和教学方式直接对接竞技体育需求，让学生学有所成、学有所用。专业发展要立足竞技体育主战场。面向竞技体育需求，对现有专业进行优化调整，打造科技助力竞技体育团队与平台，加强运动训练一流专业课程思政体系建设，推进体育产学研合作和协同育人的步伐，建立专业发展评价制度，从教学师资激励、硬件设施、课程体系、教学方式等方面对专业建设进行综合动态调整与评价，促进运动训练专业尽快适应新时代的要求。该成果对全国高校运动训练专业人才培养改革创新将起到范式效应。

三、研究思路

之前运动训练专业培养人才单一，人才培养规格上只强调“专”，而忽略“宽”。随着我国智能时代到来和高科技的快速发展，实现体育强国借助科技助力已是时代的呼唤。现今竞技体育向职业化、市场化、产业化的方向发展，社会对竞技体育专门人才的数量和质量都提出了新的需求，同时也出现了许多新的体育职业或与竞技体育密切相关的职业。这也反映出当今的人才培养与市场需求脱节的问题。高水平竞技体育人才的培养不仅仅得益于较好的资源，更需要科学的手段进行落实。面向竞技体育需求，对现有专业进行优化调整，打造科技助力竞技体育团队与平台，加强一流专业课程思政体系建设，推进体育产学研合作和协同育人的步伐，建立对专业建设进行综合动态调整与评价，促进运动训练专业适应竞技体育发展的需要。

四、研究内容

(一)体育强国战略下运动训练专业人才培养方案研究与实践

较长一段时间以来，运动训练专业毕业生由于教练员岗位萎缩而进入了学校，许多高校运动训练专业培养方案、课程设置、办学模式与体育教育等专业极为相似，这与运动训练培养方向极为不符，培养的人才不能直接为竞技体育服务。另外，竞技体育向职业化等方向发展，社会对竞技体育专门人才的数量和质量都提出了新的需求，同时也出现了许多新的体育职业或与竞技体育密切相关的职业。竞技体育教练团队又需要大量体育科技助力人才。在高校运动训练专业发展面临瓶颈的情况下，通过探索与实践，可以创新运动训练专业人才培养的新思路、新模式，使运动训练专业人才培养更加贴近体育强国战略下对人才的需求。使人才培养更具有科学化的能力，专业人才科技服务能力突出，能直接服务于竞技体育主战场。该成果对全国高校运动训练专业人才培养改革创新将起到范式效应。

(二)体育强国战略下构建高校科技助力竞技体育教学团队及平台研究

体育强国发展纲要提出:“依托高校、科研院所、高新技术企业，围绕科技攻关，聚焦奥运备战，培育建设 5—10 个国际化体育科技合作平台。”本书将科技协同理论与平台建设理论相结合引入体育领域，对高校科技助力体育平台进行系统研究，这对丰富体育科技领域研究内容，完善学科交叉理论，推进我国体育科技创新发展，提升科研攻关、科技保障水平，都具有重要的理论价值。本研究依托高校统筹国际国内体育科技资源，聚焦竞技体育等领域，构建跨学科、跨地域、跨行业、跨部门的体育科技协同创新平台。通过探究高校科技助力体育平台的理论内涵、构建架构、运行机制、人才培养、管理运行效率、贡献评价等问题,为我国体育科技提高协同创新能力提供理论指导,为我国实现“体育强国”和“健康中国”战略制订有关科研攻关、科技服务等方面创新政策提供建议和参考,为相关单位构建科技助力体育平台实践提供借鉴。

(三)运动训练专业一流专业课程体系建设研究

根据运动训练专业特点和育人目标,明确学科类、术科类专业课程的课程建设主要内容,并有机融入运动训练专业课程教学。

课程建设工作要落实到课程教学各方面,贯穿于人才培养各环节。着力健全课堂教学管理体系,推进现代信息技术在课程教学中的应用,综合运用第一课堂和第二课堂,努力拓展课程建设方法和途径。

探索提升专业教师的课程建设能力。开展专题培训,提升教师课程建设的主动性。将课程纳入教师岗前培训、在岗培训和师德师风、教学能力专题培训,建立课程集体教研制度。针对课程建设中的重点、难点、前瞻性问题,加强系统研究。

在课程建设评价激励机制上,建立健全多维度的课程建设成效考核评价体系,将课程建设成效纳入一流专业建设监测与成效评价、学科评估、本科教学评估、一流课程建设、学院教学绩效考核等评价考核中。在教学成果奖、教材奖等各类成果的表彰奖励工作中,突出课程要求,加大对课程建设优秀成果的支持力度。

(四)专业科技助力、产教研融合、协同育人的探索与实践

科技助力人才是指培养运动训练专业学生具有运用科技手段指导训练、比赛、康复训练等方面能力的人才。天津体育学院运动营养与健康组学研究中心、机能监测与高效恢复工作室、康复治疗工作室都与企业、运动队和其他高校建立了密切的合作关系。因此,培养学生可以与企业、运动队进行”嵌入式”培养,优势互补、成果共享、成果转化。除此之外,建立专家咨询模式,天津体育学院在专业建设过程中,成立由校内外专家组成的顾问委员会,定期召开咨询会

议，征询有关领域的最新发展信息及趋势，以决定课程设置及教学内容。建立资源共建模式。教师队伍可以进行校内外互派，组成团队，参与课程授课、教学大纲的设置，人才培养方案的制订以及毕业设计等一系列教学环节中，并进行教材合编，提升本专业应用型人才培养质量。合作单位提供机会让教师、学生进入工作相应的岗位进行实践性学习与培训，提高教师的综合能力，让学生在真实的工作情境中完成教学实习的有关要求。面临体育强国战略下运动训练专业发展的新形势和新问题，建立一系列嵌入式合作模式，丰富教学平台，系统地构建运动训练课程的产教研融合教学模式。

（五）国家级一流专业的教育教学管理制度、质量监控与评价、激励机制研究

随着国家级一流专业建设的推进，以及专业内涵发展的要求和需要，教学质量保障体系建设已成为学院教学管理的重要组成部分之一。当前，在运动训练一流专业论证体系中，构建本专业的教学质量改进机制显得非常重要和关键。但我国高校开展教学质量保障体系建设的时间只有十多年，教学质量管理的理念还不够清晰，质量管理技术还不够成熟，质量管理的水平有待提高，教学质量保障体系运转的效度有待加强。且运动训练专业论证的教学质量改进机制建设具有个性化特性，为此，进一步明确运动训练专业人才培养的能力要求、专业标准、用人标准，建立科学、有效的考评体系，开展国家级一流专业教学质量改进机制的构建和研究，结合学校具体实践、绩效改革及专业特点，提出将运动训练专业建设成国家级一流专业的教学管理制度、考核评价方案和激励机制。

五、研究方法

（一）文献研究

在前期工作基础上，进一步跟踪查阅相关文献资料，全面掌握国内外研究

最新动态，对人才培养、协同育人、平台建设等的相关概念和理论有明确界定，在此基础上，完善项目研究框架。

（二）调查研究

1. 问卷调查

问卷调查：就人才培养、科技助力体育、跨学科研究、协同创新、平台建设等有关问题对专家、学者、用人单位、广大师生等进行全方位问卷调查，了解现状和制约的因素等。

专家调查：采用德尔菲法，广泛咨询专家，创立评价的指标体系。

2. 访谈

在查阅大量国内外文献资料的基础上，对有关领导、专家等进行多次访谈，了解研究内容及存在的问题。

3. 实地考察

前往国家体育总局、体科所、体育院校、高校、国家及省市运动训练基地、企业、体育赛事场馆、体育产业基地等进行实地调查。全面收集掌握项目研究的相关情况，掌握研究的第一手资料。

（三）数理统计

对数据进行统计分析，并运用相关分析法进行筛选指标及相关性检验等。

（四）定性分析和定量分析相结合

通过观察、访谈、评估、查阅资料等方面的内容，并进行定性分析。并对有关数据的统计结果进行定量分析。

（五）理论研究与实证研究相结合

理论研究：构建模型、框架，提出理论。

实证研究:改革人才培养方案和培养模式,通过培养质量体现研究效果。

六、重点、难点问题

为了让运动训练专业科技助力人才更好地服务于竞技体育主战场,我们将努力打造高校科技助力竞技体育教学团队及平台,探索运动训练科学化人才产教研融合协同育人,构建运动训练一流专业的教育教学管理制度、质量监控与评价、激励机制。

七、主要创新点

第一,以科技助奥为引领,在全国率先探索体育强国战略下高校运动训练专业改造。

第二,构建科技助奥协同创新、协同育人团队与平台。

第三,探索运动训练科学化人才产教研融合协同育人的途径。

第一章　体育强国战略下运动训练专业人才培养方案研究与实践

一、研究现状

党的十九届五中全会进一步提出了到2035年建成体育强国的远景目标。2019年8月10日，国务院办公厅印发了《体育强国建设纲要》（国办发〔2019〕40号），将体育强国建设全面融入我国经济社会发展总体格局，对体育强国建设作出了全面部署。

近年来，体育改革全面深化，体育公共服务水平不断提升，全民健身事业蓬勃发展，竞技体育成绩显著，体育产业日益壮大，足球改革发展等一些引领性的改革举措取得明显成效，我国体育事业取得长足发展。同时，与建设世界体育强国的要求相比，我国体育发展不平衡、不充分的问题依然突出，地域间、城乡间、行业间、人群间体育发展不平衡，全民健身、竞技体育、体育产业发展不协调，不同项目间发展不均衡，全民健身公共服务体系不健全，体育促进全民健康的作用发挥不充分，体育社会组织发展不规范，体育产品和服务供给不充足，全社会兴办体育的体制机制还不健全等，不能满足人民群众多元化、多层次的体育需求。

在迈向体育强国的征途中，体育人才建设和正确的战略选择是实现体育强国的关键所在。体育事业作为国家建设中的重要组成，其体育人才问题直接影响着整个国家体育事业是否能够稳序发展。陶尚武在《基于体育强国建设的体育人才建设与战略选择》提出，根据我国体育总体发展要求及其相关战略布局，应当充分应用宏观调控手段，不断优化人才结构发展模式，科学调整各种体育人才的职业道德素养结构、学历层次水平结构、地域分布结构等，制订合理的体育人才规划，对体育人才结构进行有效配置。

新时代赋予中国体育院校新使命。体育强国建设需要体育院校培养一大批具有适应终身发展和社会发展需要必备品格和关键能力、能够担当体育强国建设大任的时代新人；需要体育院校具有“争创一流”的发展理念和品质追求，聚焦卓越师资队伍、卓越学生质量、卓越科学研究、卓越体育文化、卓越社会服务。体育院校应把服务国家体育强国战略、教育强国战略、健康中国战略，服务当地经济社会发展作为自己责无旁贷的责任和在新时代应有的担当。钟秉枢和李春治在《新时代体育强国建设中体育院校的担当与使命》一文中认为，新时代体育院校的发展要抓住如下几点：一是卓越师资队伍。建设世界一流大学和一流学科有一个共同的关键指标，就是看是否培养造就了一流人才，因为提升科学研究水平、传承创新优秀文化、着力推进成果转化都需要人来完成，需要一流的师资队伍支撑。全面提高体育院校教师质量，建设一支高素质创新型的教师队伍是新时代体育院校的发展基础。二是卓越学生质量。只有培养出一流人才的高校，才能成为一流大学。牢牢把握体育特色，强化体育院校学生运动技能和专项技术水平的提升，加强体育院校学科学生对体育的了解和认识，培养有理想、有本领、有担当的高素质体育专门人才是新时代体育院校发展的中心。宋人杰在《“体育强国”建设视角下河南省民办高校体育教师职后发展研究》一文中认为，首先要树立“大体育”发展观念，打破体育与教育之间的藩篱，实现体育部门和教育部门资源共享。建立学校体育与专业体育有效融合的发展平台，充分发挥高校的优质体育设施资源优势，制订符合高校和体育部门实际需要的合作政策，将高水平的运动员、教练员引入高校体育教学之中，提升高校体育训练的专业性。积极将高校各专业人才与体育发展相对接，吸引更多的相关专业人才充实到体育事业发展队伍之中，构建符合当前社会发展需要的互通互认体系，将高校教师的职称与社会体育发展需要的相关资格认证进行互通互认，减少高校教师服务社会的阻力因素，积极调动广大高校体育教师参与社会体育，服务社会体育的积极性。

体育强国不仅包涵竞技体育，也涉及学校体育、大众体育，以及国民体育体制、青少年体质健康等方面内容。显然，在体育强国视域下，我国高校运动训练专业人才培养至关重要，它在衔接竞技体育与群众体育中起关键和引领作用。

运动训练专业是我国体育学学科的重要专业之一，是我国教育学门类下的具有鲜明体育教育特点的二级学科，也是我国为培养体育竞技高级人才而专门设置的高等教育专业，高校运动训练专业为我国竞技体育、学校体育的发展做出了突出贡献。但是，随着我国的发展进入新常态，以及我国处在从体育大国向体育强国迈进的过程中，再加上新出台的高等学校体育类本科专业国家标准（亦称“新国标”），探索我国运动训练专业尤其是基于体育强国战略视域下运动训练专业的未来走向，是一个重大课题。

一方面，目前我国运动训练专业是培养具有一定科学理论知识水平、技术水平、科研管理能力的教练、教师或者其他方面体育工作人员的体育高等教育专业。虽然长期以来很多体育院系教育改革不断深入，取得了较明显的成效，但仍然存在诸多问题，许多高校运动训练专业培养方案，课程设置、办学模式与体育教育等专业极为相似，这与运动训练培养方向极为不符，培养的人才不能直接为竞技体育服务。面对社会发展科技化的挑战，面对各类学科综合化的趋势，面对体育事业社会化的发展，运动训练专业作为我国体育高等教育领域中一个重要组成部分，它的培养模式应做出某些改革与调整。

另一方面，竞技体育向职业化等方向发展，社会对竞技体育专门人才的数量和质量都提出了新的需求，同时也出现了许多新的体育职业或与竞技体育密切相关的职业。在高校运动训练专业发展面临瓶颈的情况下，通过本项目探索与实践，可创新运动训练专业人才培养新思路、新模式，使运动训练专业人才培养更加贴近体育强国战略下对人才的需求。使人才培养更具有科学化的能力，专业人才科技服务能力突出，能直接服务于竞技体育主战场。该成果对全国高校运动训练专业人才培养改革创新将起到范式效应。

(一)国内研究动态

近年来我国体育教育领域不少学者在积极探索运动训练专业新的人才培养模式,力图培养具有创造性特点的社会人才。有学者指出并提议,面对当前我国运动训练专业发展问题,应改革目前高校运动训练专业培养模式,逐步构建以素质教育为核心,以知识教育为主线,以能力培养为重点,以人文精神为支撑,以专业教育为基础的口径宽、适应广、能力强、素质高的复合型人才培养模式(宋信勇,2013)。有学者以我国北方高校运动训练专业为研究对象,构建运动训练专业培养的 G - S 模式,G 即是 General,指运动训练专业学生作为大学生所必须具备的基础能力;S 即是 Special,指运动训练专业学生具备的特殊能力,并提出雪花式运动训练专业课程设置模式(吕吉勇,2020)。

有学者通过对比苏州大学与台北市立大学体育专业(本科)人才培养方案,探讨各自在体育专业(本科)人才培养方案上的异同以及各自的发展趋势与特色,通过比较研究,为各自的人才培养方案提出合理化的意见与建议,在比较中找差异,在学习中求发展,在借鉴中求升华(吴炜鑫,2016)。有学者通过实地考察,深度剖判当前我国高校运动训练专业切身存在的问题和不足,指出运动训练专业人才培养目标在培养良好的科学文化素养、创新以及实践能力方面要求过低,大部分院校必修课与选修课设置比例不合理、限制性选修课和任意性选修课,课程界限不明确、安排混乱,高校间任选修课在门数与学时、学分的选择上差距过大、过度借鉴体育教育专业的课程设置,不利于学生的现实学习和发展等诸多问题,分析具体而深入,为未来运动训练专业改革提供指导意义(李笑,2016)。

有学者以武汉体育学院足球学院本科生为考察对象,探讨了本科足球相关专业的培养方案,并提议应改进通识课安排比例,提高教学质量;增加青少年训练理论的教学时数;课堂教学语言贴近学生;假期时间适量减少或安排社会实践活动,考核评价主体多元化(徐园,2019)。有学者对河南省高校运动训练专业人才培养模式体系进行了探究,发现在调查的学校中,其培养目标定位不太准确，有待进一步细化；培养规格上有待进一步完善和实践；培养课程类别还需合理划分，应注重突出专业特色，培养课程结构显得刚性有余而弹性不足；师资队伍建设有待进一步加强；教学管理有待进一步整合和优化（肖勇，2019）。

有学者提出重构我国运动训练专业课程体系的构想，提出课程目标确立要以社会和个人发展的需求为导向，课程内容选择要多元，课程结构要优化，课程评价要以促进发展为目的（胡雅欢，2010）。有学者从广州体育学院与台体大（台中）本科体育专业人才培养特点为切入点，以广州体育学院体育教育专业、运动训练专业与台体大（台中）球类技术学系来说明两所学校在人才培养特点上的异同点，得出了培养目标各有侧重、职业指向分辨度低、招生考试各有优缺、课程体系各具特色、教师资源“质高量大”的结论（杨高珍，2017）。

（二）国外研究动态

有学者对中美八所高校运动训练类专业的培养方案进行比较，研究发现，美国高校的培养目标定位更务实，公共必修课的设置更关注人文与科学素养培育，学分修订更强调过程性评价，以及专业实践课采用“早实习、多实习”的方式，对培养过程的严格监控等做法值得借鉴（孙有平，2021）。国外有学者对美国体育专业的改革发展背景进行研究，通过总结美国高校体育专业近三十年的课程标准框架、课程标准内容及课程标准评价，发现美国体育专业在人才培养方面更注重人才培养的弹性和完整性，以及培养过程中的可操作性。在培养过程中根据社会的需求的转变及时地修正课程标准内容。同时，在人才培养过程中注重人才科研能力的培养（Ward，2014）。

有学者对中国、英国、俄罗斯、美国、日本等五国家高校体育专业在专业课程设置上的特点进行剖析，认为研究考察的各国在体育专业课程设置上各有特色、各有所长，俄罗斯与中国主要的特色为“专业化培养”模式，与之对应的美国与日本则在专业课程设置上以“通用化培养”为主要发展方向。在课程内容方面，日本体育专业在课程内容设置上表现为数量多、基数大、范围广，美国的体育专业在课程内容上会涉及更多与体育专业无关的学科领域，强调学科间的融汇与交叉,英国在课程设置上特点是与社会发展需求紧密结合,并且对于基础课程较为重视(隗金水,1999)。

综上所述,国内、国外不同学者分别对运动训练相关专业的人才培养进行了探讨与分析。然而,在我国发展进入新常态,处于"两个一百年"的历史交汇点中,依托体育强国视角下,如何革新运动训练专业人才培养理念与模式,创新、打破现有人才培养机制的研究尤为缺乏。因此,本书从管理学等角度出发,构建体育强国战略下运动训练专业人才培养方案,同时,采取案例分析的方式,为我国其他类高校运动训练专业人才培养提供借鉴。

二、研究内容

运动训练专业人才培养大致的研究内容可分为运动训练专业人才培养目标、规格、学制/学分/学位、主观学科/主要课程、课程设置/学分/学时分配、考核实践等部分与环节,具体情况如下文所述。

(一)运动训练专业人才培养目标

培养目标是指不同层次、不同类型、不同专业所要培养的人或人才的方向、规格和各种要求等,是各高校培养什么样的人的具体要求,也是高校人才观的集中反映。不同的培养目标定位反映培养人才的不同价值取向。明确人才培养目标,是确保高校人才培养应有质量的前提。只有合理的培养目标定位才能使我国各高校在培养人才时各守其位,各尽其责。

运动训练专业是高校体育本科专业建设的重要组成部分,自 1957 年设立运动系以来,经过多年耕耘现已发展成为我国高校体育教育领域内一个重要专业,在其六十余年的发展历程中,由于不同历史时期的办学指导思想和不同高校之间的办学特色的差异,在不同的时期的不同的高校之中对于培养目标的定位也不尽相同。

从纵向视角看,各类高校运动训练专业初始的"培养目标"是为各级竞技体育训练队伍培养高水平运动员和教练员。经过市场经济体制的确立和教育系统的整体改革，在 20 世纪 90 年代，我国各运动训练专业在培养目标和课程设置上就已经开始存在较大的差异，这在一定程度上合理利用了资源和具备较强的针对性，但是同样也体现了专业建设方面的不规范性和随意性。

进入到 21 世纪以后，在文化大发展大繁荣的历史背景之下，我国高校教育迎来了前所未有的大好发展契机，各高校运动训练专业培养目标已经由单一培养目标向多目标转变，这种多目标的培养目标大致可分为三种类型：即培养专门人才、培养应用型人才、培养复合型人才。如今，随着以人为本教育理念的构建，本科教育的培养目标也从由国家统一制定，并通过各种措施强制统一执行过渡到道德优先和个性发展的阶段，更加强调素质教育，意在突出人才培养模式的有序性、可控性和可行性。

然而，通过梳理、总结各类高校运动训练专业的具体目标，发现其还存在一些弊病。例如，目前运动训练专业培养目标在具体综合素质和人才类型培养方面表述多为含糊不清，对指标没有做具体的标准规定，人才培养类型主要运用了诸如“高级、应用、复合”等模糊的字眼，而对具体的应用要求、复合要求等并没有做具体的规定。

近年来，随着我国社会经济的高速发展、研究生教育和高等教育的大众化的发展，运动训练专业规模在不断扩大，毕业生人数也在逐年地增加，社会对运动训练专业人才的现实需求也逐渐发生变化，这也为高等学校运动训练专业培养目标带来了新的挑战。同时，研究指出目前社会用人单位的价值取向已从仅仅偏重人才的专业性向专业突出、适应性及实际工作能力全面发展的要求上转移。这就进一步要求运动训练专业及时调整培养目标的定位，革除单一目标培养实践过程中暴露出的弊端，如管理体制和运行机制问题，以及教育观念和办学条件等问题，从而更多地考虑培养人才的出路问题。

针对我国运动训练专业人才培养目标的历史沿革、现状问题，亦提出以下建议。首先，要依靠政策作为引导，紧跟教育发展的自然规律，明确培养目标定义。其次，要认清当前的政策形势与未来发展方向，结合社会需求，调整培养目标定位。最后，要结合学校特长，突出专业特点与特色，制订相应培养目标。鉴于此，本书结合我校具体实践情况，提出以下培养目标：培养适应我国新时代中国特色竞技体育发展的实际需求，具备较强的运动技术、技能及实践能力、具有良好的科学文化素养，掌握运动训练专业的理论基础，能从事体育训练与教学、运动训练技战术分析、体能训练及恢复康复训练等工作的应用型人才。

（二）运动训练专业人才培养规格

1. 思想政治方面

在教育新形势下，高等体育院校的办学和教学目标有了全新的调整，学校在追求运动训练专业人才业务水平提高的同时，也非常看重学生的品质教育，而思想政治是实现德育教育工作的重要载体，因此，学校需要积极开展思政教育工作，培养运动训练专业人才形成正确的思想观和价值观，从而提升学生的综合素养。

（1）开展思想政治教育工作的路径

A. 重视体育育人和思想政治教育目标的契合性

体育高等院校为了培养出更加优秀的体育人才，需要高度重视思政课程教学，并且对课程目标进行明确，从而保证教育工作更具有针对性。首先，学校需要对思政教育形成正确的思想认知，意识到其在学生德育教育中发挥的重要作用。其次，深入了解当前社会对运动训练专业人才提出的具体素质要求。并以此为目标，构建思政课程体系。同时，学校需要将体育专业教学目标与思政课程目标相融合，从而保证思政课程教学规划设计更加符合学生未来发展实际需要。

B. 加强思想政治教育队伍建设，优化教育环境

学校在组织思政工作时，需要高度重视教师队伍的素质建设，从而保证思政教育活动实施更加顺利，进一步优化教育环境，从而让体育生拥有良好的学习环境，全面提高思政教育工作质量。首先，学校需要根据学生素质建设要求，引进相应的思政教师人才。其次，需要重点加强思政教师素质建设。积极组织

培训活动，将国家在学生思政教育方面提出的全新要求，有效的渗透给教师。重点加强思政教学思想、方法培训，从而全面提高思政教师综合能力。此外，还需要制订完善性的激励体制，针对思政教师在工作中的表现进行激励和评价，从而激发教师工作动力，全面提高思政课堂效率。

C. 丰富教育内容，有针对性地开展工作

思政教师在针对运动训练专业学生组织教育工作时，需要对课程内容进行优化，完善课程体系，拓展课程覆盖面，从而保证学生所掌握的思政知识更加全面和具体，激发学生学习活力，增强学习动力。首先，思政教师需要全面了解体育专业领域市场发展动向，以及对体校生的具体职能要求。并以此为依据整合思政课程资源，从而为体校生更好的就业，提供重要的思想导向，奠定良好的素质基础。其次，思政教师需要站在体校生真实生活需求的角度考虑，对思政课程进行优化。针对体校生现实生活中存在的普遍问题，进行分析，并搜集相关的思政课程资源。让学生通过思政课程系统学习，自觉规范自身品德素养。

D. 突出学生主体，强化自我教育和管理

学校在开展思政教育工作时，需要更新工作理念，重点发挥学生在课堂上的主体地位。让学生形成自我教育和管理的思想认知，规范学生的行为习惯，提升学生的道德品格。思政教师需要根据当前的热点话题，并结合运动训练专业生的现实生活，设置课堂探究活动。引导学生以小组为单位，结合自己的认知进行思考和探究，从而强化自身的思想认知，提高自身的领悟能力。同时，学校需要充分发挥班委的作用。以班委为载体组织各项思政实践活动，从而实现学生自主管理。

E. 树立载体意识，改革创新教育方法

学校为了向体育生营造良好的思政学习环境，需要重视教育载体的创新与拓展，从而进一步优化学生的学习空间。因此，教师需要重视互联网的应用，以信息技术为载体，构建现代化思政课程体系，从而保证各项教学活动落实更加顺利。首先，学校需要利用校园广播、官网等平台，向学生渗透正确的思想观和价值观。其次，学校可以借助微博或者微信成立思政公众号，将当下时政热点信息有效的渗透给学生。以便其能够及时关注国家发展动向,形成准确的民族意识。同时,也能够根据身边的案例,分析其中所蕴含的道德内涵,并自觉规范自身道德素养。同时,学校可以鼓励学生借助信息技术进行沟通和交流,从而实现思政课程信息的共享。

(2)开展思想政治教育工作的要求

能够掌握马克思主义精神实质,树立和培育社会主义核心价值观,熟悉国家有关方针、政策、法规,遵纪守法,具有家国情怀、品格高尚、知识扎实及改革创新意识和爱岗敬业精神。

2. 业务培养方面

所谓业务能力,简单地说,就是解决、处理自己本专业业务的能力。不同的岗位,有不同的业务能力要求。近几年以来,我国高等院校的教育有了明显的发展,我国高校运动训练专业取得了长足的进步,不仅如此,不管是任课教师的数量与教学质量还是现代的教学条件与高级的场馆设施,都有着较大的改善与提高,在如此条件下,运动训练专业学生的就业率为何下滑或者说为何不能更好地有针对性地为学生解决就业问题,大量出现毕业生工作与所读专业无法对应衔接,大学所修课程无用武之地的现象,究其根本原因,还是人才培养的质量下降所造成。社会对运动训练专业型人才的要求是多方面的,因此,学校也应全方面多角度地培养运动训练专业学生的业务能力,有针对性地去培养,从而提高学生的就业率。

(1)开展业务培养工作的路径

A. 加强理论课程的学习,并与实践紧密结合

对运动训练专业学生实施运动训练、教学及竞赛基本理论与方法的教学,组织学生运用所学知识指导实践活动,强化所学理论知识,使所学理论在未来能更好地指导实践,运用到工作中去。

B. 开展多项体育项目的训练和理论知识的学习

充分发挥高等体育院校的优势,利用校内已有的不同体育项目师资和场馆,培养运动训练专业学生一专多能的特点,提高学生未来在体育行业的核心

竞争力，掌握多种体育项目的目的不仅在于此，在从事未来的体育工作中，不管是体育训练与教学、运动训练技战术分析、体能训练还是恢复康复训练，都需要有大量的体育项目基础知识以及基本技能。可以说体育项目的掌握，是从事各类体育工作的基础，因此，学生一专多能的重要性是不言而喻的。在各个运动项目的教学中，不仅需要学生掌握此项技能，还需要其掌握该项目训练和教学的方法。一方面，在节课考试当中要对学生体育项目技能、理论知识、教学方法进行考察。另一方面，在学校内举办专项与非专项的体育竞赛，使更多的学生参与进来，同时进行各个项目的裁判知识学习。让学生全方位多角度地掌握并能熟练运用所学体育项目。

C. 有针对性的根据学生自身兴趣和特长，区分侧重发展方向

在发展方向上，我们也对运动训练专业学生进行了更清晰的侧重区分，培养学生的工作能力，使运动训练专业学生毕业后可以直接服务于体育行业的不同岗位。有以下四个方向，体育训练与教学方向，运动训练技战术分析方向，体能训练方向，运动康复训练方向。

D. 加强对社会实时动态的学习关注

对大学生而言，对时事政治的全面了解不但有助于学生扩展自己的知识阅历，还有利于培养学生正确的价值观和人生观。实际上来讲，这有助于学生的就业和生活。通过对国家出台的各种政策的了解，学生能够正确的熟知就业方向以及各方面人才所需，也能够切合实际地对自身进行未来的职业规划。对于学校来说，应加强对传统媒介的使用程度。要充分利用传统媒介的权威力，通过校园广播、电子屏幕、粘贴海报、橱窗报纸、微信公众号对时政信息进行传播。提高学生对时政信息的深度挖掘。通过各种方式，如辩论赛、演讲、各种时政分析征文等。改变传统的一味由老师来传授的方法，真正见学生纳入对时政分析的队伍之中来，提高学生参政议政能力。任何人都不能脱离他所在的社会而独立存在。对于当代运动训练专业的学生，更要依靠广阔的眼界和丰富的见识来充实自己，提升能力。同时，一个有理想有抱负的大学生，一定是关注生活，关注社会，关注国家和世界的。因为关注时事，关注祖国在国际舞台上的动态，就

是爱国的一个表现。关注时事政治,这样既能开阔眼界,增长见识又能了解社会,更好的生活,也可以为以后进入社会打下良好的基础。

E. 了解体育前沿动态,培养学生一定的体育科研能力

依据现代人才的需求,学生的知识创新能力技术应用能力显得尤为重要,体育高校运动训练专业学生的科研能力是指在体育科研中各种能力的结合,主要包括自学能力、发现和提出问题的能力、动手能力、获取与加工信息的能力、文字表达能力等。目前运动训练专业学生科研能力不够理想的主要原因有:学校对学生科研能力的培养不够重视,受传统教学思想的影响,受旧课程设置的束缚,学生缺乏科研实践活动,课程的学习流于形式,对学生科研成果评价的方法过于单一,缺乏科学合理的整体规划。为培养能适应时代要求,应在教学中有目的有计划地加强运动训练专业学生科研能力的培养。学生科研能力的培养应遵循计划性、渐进性、结合性、实践性和个体性原则。构建运动训练专业学生科研能力培养体系,使学生的科研能力在四年的时间内得到有序、全面的锻炼和提高,达到最佳的培养效果,从而缩短步入社会后的适应期,扩展工作的适应面。

毕业生应获得以下几方面的知识和能力:

第一,掌握运动训练、教学及竞赛的基本理论与方法,并能运用阐释指导实践。

第二,一专多能地掌握运动项目的技术及训练、教学方法。

第三,具有体育训练与教学/运动训练技战术分析/体能训练/恢复康复训练的实际工作能力。

第四,了解我国有关竞技体育的方针、政策和法规。

第五,了解运动训练、竞赛和运动训练管理的理论前沿与发展动态,掌握基本的科研方法,具备一定的竞技体育领域的科学研究能力。

(2)开展业务培养工作的要求

学习运动训练的基本理论知识,接受运动训练、竞赛和教学方面的基本训练,具备从事体育训练与教学、运动训练技战术分析、体能训练及恢复康复训练

等方面的基本能力。

3. 运动训练专业学制、学分、学位

(1)学习年限

本专业本科学生修业年限为 4 年(可在 4—6 年内完成)。

(2)学分

总学分要求为 160 学分。

(3)毕业和学位

完成本专业培养方案规定的全部课程,修满规定学分,达到毕业要求者发给本科毕业证书;符合学士学位条件的毕业生,授予教育学学士学位。

4. 运动训练专业主干学科与主要课程

(1)主干学科

主干学科包括体育学、教育学、心理学。

A. 体育学

体育学是研究体育科学体系及其发展方向的一门学科。其内容主要是研究体育科学体系的结构、层次及其演变;应设置的学科;各学科之间以及与相关学科之间的相互渗透与综合发展的关系。体育学中所反映的体育科学的结构被划分为 3 个层次和 3 大门类。体育科学的 3 大门类即体育基础学科、运动技术学科和体育社会学科。3 个层次即体育学为第 1 层,它还包括体育哲学和体育情报学两个中间环节;3 大门类为第 2 层;3 大门类之下的各门学科为第 3 层。以体育科学的实际发展为基础体育科学的发展有其自身的规律性。但人们认识事物的一般规律都是从局部的特殊性开始,逐步认识总体的普遍性。所以,没有体育科学各个学科的发展,就谈不到研究体育科学体系的学科——体育学的发展。因此,建立体育学首先要建立体育科学中的各个学科。

B. 教育学

教育学是一门研究人类的教育活动及其规律的社会科学。教育学的任务就是探讨、揭示种种教育的规律,阐明各种教育问题,建立教育学理论体系。

C. 心理学

心理学是一门研究人类心理现象及其影响下的精神功能和行为活动的科学,兼顾突出的理论性和应用(实践)性。心理学包括基础心理学与应用心理学两大领域,其研究涉及知觉、认知、情绪、思维、人格、行为习惯、人际关系、社会关系等许多领域,也与日常生活的许多领域——家庭、教育、健康、社会等发生关联。心理学一方面尝试用大脑运作来解释个体基本的行为与心理机能,同时,心理学也尝试解释个体心理机能在社会行为与社会动力中的角色;另外,它还与神经科学、医学、哲学、生物学、宗教学等学科有关,因为这些学科所探讨的生理或心理作用会影响个体的心智。实际上,很多人文和自然学科都与心理学有关,人类心理活动其本身就与人类生存环境密不可分。心理学家从事基础研究的目的是描述、解释、预测和影响行为。

(2)主要课程

主要包括运动训练学、运动训练管理学、专项技术理论与实践、运动选材学、竞赛学、运动心理学、运动生理学、运动损伤与防护、体能训练类课程、机能调控与康复类课程和技战术分析等类别的课程。

A. 运动训练学

运动训练学主要讲述的是如何进行运动训练的内容。从众多专项的训练实践中总结出带有普遍意义的共性规律;深入探索尚未被人们所认识和认识还不十分清楚的运动训练规律;进一步健全运动训练理论和内容体系;广泛吸取现代科技成果和多学科的理论与方法,应用于运动训练学的理论研究和实践之中;运用一般运动训练学的基本理论指导各项训练实践。

B. 运动训练管理学

运动训练管理学是体育管理学的一个重要分支学科,是系统阐述运动训练管理基本规律和基本方法的一门体育应用学科。本课程紧密结合我国运动训练管理实践,从运动训练的组织形式到不同训练层次的管理都做了深刻的阐述,其中既有对过去管理经验的总结,又有对现代管理理论的系统介绍。力求使学生掌握运动训练管理的基本理论、基本方法,培养其科学管理素养和具备从事运动训练科学管理的初步能力。本课程介绍运动训练管理的现状与发展趋势，运动训练管理的特点类型；阐明运动训练管理的基本程序与过程，包括运动训练管理的系统、过程及职能；通过讲授使学生基本掌握运动训练管理的基本方法，培养其科学管理素养和具备从事运动训练科学管理的初步能力。具体任务是：了解运动训练管理的基本原理，明确管理的概念、管理系统、管理过程和管理职能，基本掌握运动训练管理的技术，了解运动训练选材管理、科研管理、竞赛管理等知识，知晓运动队管理、教练员管理、俱乐部管理、运动项目管理以及各体校管理等基本要求。使学生了解和掌握运动训练管理的基本理论和基本方法，为将来进行运动训练管理奠定一定的理论基础。

C. 运动选材学

《运动选材学》是为了适应运动选材的发展和运动选材学教学的要求而编写的。运动选材原理与方法构成了运动选材学的主干内容，甚至可以说运动选材学就是一门在科学理论指导下的方法学。课程在汇集国内外运动员科学化选材原理与方法的基础上，总结已有的知识和前人的经验，经过筛选和加工，努力体现运动选材原理与方法的科学性、系统性和实用性，解决读者在运动选材过程中的疑惑和困难，探索运动选材的科学原理，开发更多的方法和指标，期望投入更多的实践验证和经验总结，逐步完善发展运动选材的理论、测评和预测方法体系。《运动选材学》以选材基本因素区分的体系为主干，以探讨运动选材原理与方法为主要内容。第一章"运动选材概述"主要介绍运动选材的概念和意义，国内外运动选材概况，运动选材要素、依据、原则、方法、组织管理、资料处理、选材预测等内容。自第二章至第八章分别介绍了遗传选材、年龄选材、体型选材、运动素质选材、运动生理生化机能选材、运动心理选材、运动技能选材。比较详细地介绍选材各基本因素的选材理论依据、方法过程或操作细则、评价方法或选材应用等，还附有主要运动项目选材评分表，以便形成较完整的选材原理与方法体系。

D. 运动竞赛学

《运动竞赛学》是运动训练专业的一门重要课程，《运动竞赛学》在我国高等学校体育院、系专业课程设置中具有重要的地位。《运动竞赛学》是体育教育、社会体育和运动训练专业普修课程学生用书，总结归纳了多年以来学生学习、掌握和应用运动竞赛学基本理论、方法的教学实践，在继承前人不同时期出版的教材优点的基础上，重点吸收了国内外运动竞赛学学科领域内先进的理论和实践经验。本教材立足于培养新世纪体育教育、社会体育、运动训练专业人才的实际需要，注重体现运动竞赛学科的新理论、新观念和新方法，坚持自然主义和实用主义的教育思想，注重理论与实践相结合，扎实地培养学生策划、组织与实施运动竞赛的实际工作能力。坚持改革与发展，突出教材的科学性、系统性、教育性、时代性，从教材体系、人才培养、教学内容和竞赛方法等方面进行精选、改进和拓展，以使学生能适应未来社会的发展和社会体育工作的实际需要。

E. 运动心理学

运动心理学，是研究人在从事体育运动时的心理特点及其规律的心理学分支，它也是体育科学中的一门新兴学科，与体育学、体育社会学、运动生理学、运动训练理论和方法，以及其他各项运动的理论和方法有着密切的联系。运动心理学的主要任务是研究人们在参加体育运动时的心理过程，如感觉、知觉、表象、思维、记忆、情感、意志的特点，及其在体育运动中的作用和意义；研究人们参加各种运动项目时，在性格、能力和气质方面的特点及体育运动对个性特征的影响；研究体育运动教学训练过程和运动竞赛中有关人员的心理特点，如运动技能形成的心理特点、赛前心理状态、运动员的心理训练等。

F. 运动生理学

运动生理学是体育科学基础学科之一，是人体生理学的一个分支。人体生理学是研究人体机能活动规律的科学；运动生理学研究人体在体育活动和运动训练影响下结构和机能的变化，研究人体在运动过程中机能变化的规律，以及形成和发展运动技能的生理学规律，探讨人体运动能力发展和完善的生理学机理，论证并确立各种科学的训练制度和训练方法。运动生理学以正常人体为研究对象，研究人体对运动的反应和适应。它的任务是：在正确认识人体机能活动基本规律的基础上，进一步探讨体育运动对人体机能发展变化的影响；阐明体育教学和运动训练过程的生理学原理；掌握不同年龄、性别，不同运动项目和不同训练水平运动员的生理特点，从而能科学地组织体育教学，指导体育锻炼和运动训练，更好地为体育实践服务。

G. 运动损伤与防护

本课程主要围绕体育教育训练学相关专业学生设置的实践技能教学内容，针对体育教学训练过程中常见运动性伤病，在分析各类运动伤病发生机制的基础上，配以运动伤害防护的专业技术与方法的操作图片，图文并茂全面详细地介绍了体育运动伤害防护的各种理论。

除此之外，还有专项技术理论与实践课程、体能训练类课程、机能调控与康复类课程、技战术分析类课程，等等。

5. 运动训练专业课程设置、学分及学时分配

(1) 各学年教学周数分配

各学年学期教学周数分配见表 1－1 所列。

表 1－1 运动训练专业各学年周数分配表

学年	学期	授课	实践周	考核	见习	实习	毕业论文	入学教育与军训	毕业教育	机动	假期	学期总周数	学年总周数
第一学年	一	16		1				3			5	25	52
	二	16	2	2							7	27	
第二学年	三	16	2	2							5	25	52
	四	16	2	2							7	27	
第三学年	五	16	2	2							5	25	52
	六	15	2	2	1						7	27	
第四学年	七					18				2	5	25	44
	八						16		2	1		19	
合计		95	10	11	1	18	16	3	2	3	41	200	

(2)课程结构及学时学分分配

本科四年教学计划设置课程共计160学分,2560学时,其中必修课102学分,1632学时(占总学时63.75%);选修课32学分,512学时(占总学时20%);其他实践环节26学分,416学时。

6.运动训练专业实践实习环节

教学实践环节包括入学教育与军训、见习与毕业实习、毕业论文(设计),共26学分。

(1)入学教育与军训

入学教育与军训安排在第一学期1—3周,计1学分。

(2)实践周(2周/学期)

第二学期:校内、外实践基地见习。

第三学期:参与各项运动竞赛及裁判等实践活动。

第四学期:校内、外实践基地见习;组织各类专业实践活动等。

第五学期:运动训练计划/体能训练计划/体育课教学计划/技战术分析报告等大赛。

第六学期:体育训练与教学基本功大赛;毕业论文开题等。

(3)本科生导师制

面向大一全体新生实施导师制,引导和帮助学生做好四年学习和职业规划。自大二开始实施卓越人才培养计划,面向预备考研学生实施导师制。

(4)毕业实习

中期见习1学分;毕业实习安排在第六、七学期。其中实习培训1周(第1周),实习16周,实习总结1周(第18周),共计8学分。

(5)毕业论文(设计)

学生应在教师指导下独立完成论文选题和毕业论文。论文开题在第六学期;中期检查安排在第七学期第18—19周;论文评定与答辩安排在第八学期9—14周,共计8学分。

(6)特色项目

为本校运动训练专业人才培养的长期规划增添一些具有活力的内容,且在教学过程中,应该加入一些特色项目,一方面是为了提升学生在学习中的积极性和兴趣,大学生学习积极性是直接推动人进行学习的内部动力,是激发学习、维持学习并将学习导向某一目标的原动力。尤其是在本校普遍学习氛围差强人意的背景下。这个时代大学生学习生活的一个主要特点就是自主性。如果能充分调动本校学生的学习积极性,他们在学习内容、学习方式和时间管理上等方面就能充分发挥主观能动性。大学生的学习既需要教师的指导管理,又充满了学生在曾经的学习生活中不曾有的自由度和弹性。他们的知识结构正在由纵向的积累逐渐转向横向的拓展。因此,在本校运动训练人才培养计划中加入特色项目在培养学生学习积极性中具有重要的积极作用。另一方面,学校的学习终究是有限的,学生迟早是要迈入社会这个丰富的大舞台。社会实践活动可以为学生提供丰富的实践经验,尤其是本校运动训练专业的学生,在步入大学学习之前或多或少地参加了许多体育赛事,有许多实践经验。在实施过程中能更好地融入社会学习的大环境。而且学校的学习生活中,贯穿学生大部分时间的都是理论知识和技能知识为主,对于其他方面的品质追求相对较薄弱。综上所述,本人才培养计划在特色项目方面有以下几个设想:

A.组织开展体育俱乐部专项活动,组建部分运动项目高水平代表队

体育作为一种社会现象,是人类生活的组成部分。体育一方面是教育的一环,另一方面又是生活的一环,是属于人类的社会生活条件,因此,大学体育对大学生的身心发展起主导作用。这一点在运动训练专业的学生身上尤为突出。首先,参加体育赛事可以有效地锻炼学生的身体,促进大学生身体健康。尤其是本校的运动训练专业的学生,在入学以前受到比赛的压力或者升学的压力,又参加了高强度的训练,身体机能和竞技能力都达到了巅峰。但入学后,没有了以往的压力,加上大学生的学习生活相较于以前自由度和主观能动性大大增加,学生们感受到前所未有的自由,大部分学生把时间都花在做自己喜欢的事上,鲜有坚持专业训练的人。对于本校的学生来说,开

始大学的学习生活后，身体机能、运动能力会相应地下降。特别是之前运动水平较高的学生，运动负荷和强度相对较低的大学生活会引起训练诱导的骨骼肌结构和机能的适应性变化完全或部分逆转。这种变化不仅不利于学生未来的学习和工作，而且会对学生的身体造成不必要的负担和伤害。所以，有必要让学生在不影响学业的情况下适当参加运动竞赛。为了更贴近市场的需要，更好地让学生为未来的就业做准备，可以组织开展体育俱乐部专项活动。让学生们走进俱乐部，了解俱乐部的运营模式、运营状态，了解俱乐部的盈利模式和盈利过程中所遇到的困难，还有最重要的是让学生了解未来可能工作的部分，以及对学生专业知识和运动技能的要求。有未来工作的意向的学生可以根据自己在俱乐部专项活动中的所见所学进行自主性学习和调整。如果条件允许，可以在学生队伍中组建部分运动项目的高水平代表队参加具有一定规格的比赛。拿足球项目来说，可以在学校组织足球专项运动训练专业的学生组建高水平代表队，代表本校参加例如体院杯等具有一定规模和等级的赛事。一方面，在平时训练的过程中就穿插进学生应学习的运动技能内容，让学生能在自主紧张的环境下进行主动的高强度学习。另一方面，由于运动训练专业的学生未来有许多会进入工作单位后也会经常进行和体育赛事有关的组织和管理，在工作之前让学生多接触、多了解、多体验，对学生未来的工作有很大的帮助。最后，参加体育赛事可以让学生之间产生群体效益。例如，学生可以通过比赛的形式学习到有关的裁判方面的技能与知识，在大赛结束后可以与其他同学互相交流和沟通。同样，参加比赛的同学不仅可以在比赛中获得优秀的运动成绩，积累大赛有关的技能知识，回到学校后，可以与其他同学一起组织校内的或者在校内举办的运动赛事，积累有关的赛事编排经验，为未来的工作打下基础。

B. 进行运动训练计划/机能检测与康复治疗计划/体能训练计划/技战术分析报告等大赛

运动训练计划是对于未来训练过程预先作出的理论设计。人类在开始工作和行为之前，都会对于该项工作的实施作出一番思考，作出具体的安排。

这种思考与安排都属于一种理论设计,运动训练计划,正是在运动训练过程之前对其预先做出的一种理论设计。运动训练的最终目标是为了能在比赛中创造优异的运动成绩,但其直接目的就是提高运动员的竞技能力。而运动训练的过程就是运动员竞技能力发展变化的过程。这里如果我们把事物的变化理解为某种状态的转移,同时可以把运动员竞技状态能力的变化表达为运动员竞技能力状态的转移,即由初始状态向目标状态的转移。实现运动竞技能力状态的转移可以有多种通路可以选择,而教练员制订训练计划的工作就是为实现目标状态而作出的一种选择,是训练活动中的重要决策。运动训练计划贯穿于运动员和教练员的全部训练实践活动中,其在训练过程中的重要地位主要表现在:第一,使训练目标进一步具体化。第二,同意运动活动参加者的认识和行动。第三,为有效地控制运动训练过程奠定必要的基础。运动训练计划对于运动训练专业的学习是不可或缺的一部分。所以有必要组织运动训练计划大赛。

机能检测:也称"功能检查""体能检查""体格检查项目"。安静状态时人体的功能变化不易显示出来,因而无法进行功能的比较。当进行体力活动时,各器官功能活动加强,如心率加快、血压升高、呼吸频率加快等才能测定功能变化,评定人体心血管和呼吸系统等内脏器官的功能水平。康复治疗计划:康复诊疗计划是康复治疗师记载患者所接受过的康复评估与治疗服务及提供这些服务的原因等。本校的运动训练专业的学生可以结合学校所学的运动生理学和运动解剖学的内容进行结合,在未来工作和学习中解决运动损伤带来的困难和问题。

现代竞技体育比赛的变化多端,对运动员的身体能力提出了更高的要求。优秀运动员之间的技战术能力在科学的运动训练指导下差距也越来越小。在这种基础上对专项体能运用方式和表现特征的认识就成为运动员竞技能力的基本保证。然而传统的运动训练思维和习惯还是在一定程度上束缚了对专项体能的认识,忽视了专项体能的功能和主导,以及其与技战术之间的关联。制订体能训练计划是合理有效设计运动训练过程的基本前提,更有助于树立创新的训练理念和思路。所以对于运动训练的学生来说,学会制订体能训练计划是非常重要的,也是完成人才培养计划的必经之路。因此,该计划决定设计和组织制订体能训练方面的比赛。

C. 体育训练教学基本功大赛

高等学校运动训练专业是培养优质体育师资和人才的重要基地。举办体育教学学生基本功大赛不仅有利于进一步创新教师培养模式,提升新师资培养质量,为基础教育提供人才撑。掌握运动技能,提高健康素质、磨炼意志品质的学校体育要实现的目标,培养具有较强的综合能力、扎实基本功的体育教师是当前社会的重要需求。鉴于以上背景,举办体育教学基本功大赛有利于本专业人才在教学中的发展。

D. 卓越人才培养计划导师制

当前,国内高等教育综合改革正在深入推进,高等学校办学中心主要体现在人才培养层面,提高本科人才培养质量是高等学校主动适应国家战略发展需求和世界高等教育发展趋势的着力点。在大一实施导师制可以帮助学生未来的大学生活进行有效的规划,让学生在宝贵的大学时光中学有所成。当学生进入大二时,实施卓越人才培养计划,面向准备考研的学生实施导师制,提高学生的学习效率和考研成功率。

7. 其他规定与说明

(1)奖励学分

学生在学期间取得以下成绩可以获得奖励学分。

第一,主持并完成国家级大学生创新创业计划项目可奖励 4 学分,参与者 2 学分;主持并完成院级本科生科研项目可奖励 3 学分,参与者 1 学分;以第一作者公开发表 1 篇学术论文可奖励 2 学分。

大学生创新创业训练计划项目是国家为了促进高等学校转变教育思想观念,改革人才培养模式,强化创新创业能力训练,增强高校学生的创新能力和在创新基础上的创业能力,培养适应创新型国家建设需要的高水平创新人才而成立的项目。该项目内容主要包括创新训练项目、创业训练项目和创业实践项目这三类,项目主体分别是本科生个人或团队、本科生团队和学生团队。

完成国家级项目或校级科研创新等项目，可获得相应的加分，发表学术论文也可获得加分，旨在鼓励运动训练专业学生积极投身于科研训练，激发、促进科研思维和学术能力。

第二，获得国家级奖励的奖励 4 学分；获得省级奖励的奖励 2 学分；通过全国大英六级的奖励 2 学分。

该项措施鼓励运动训练专业学生培养自身的学习特长，例如外语学习能力等，养成良好的学习习惯。

第三，在正式比赛中（含院级比赛），达到一级运动员及以上标准的奖励 4 学分。

此项措施旨在鼓励学生积极参与体育竞赛，通过相互竞赛、竞争，促使运动技能水平得到提高与发展。

第四，取得体能教练、游泳教员、救生员、技术分析师等各类专项教练员资格证书的可奖励 2—4 学分。

此项措施鼓励培养学生开展自身专修运动项目以外的技术能力，拓宽日后的就业渠道。

第五，取得各类裁判员资格证书的可奖励 2—4 学分。

该项措施亦在鼓励学生积极参加其运动专项的裁判员工作，为壮大我国各个运动项目的裁判员队伍奠定基础。

（2）辅修要求

第一，按照学校有关规定，本专业实行主、辅修制，学生在学期间除修满本专业规定学分外，可辅修其他专业，凡符合要求、考试合格者，可颁发辅修专业毕业证书，符合学士学位要求者，可获该专业学士学位。

第二，本专业设置辅修计划，凡非本专业学生修完本专业辅修教学计划规定课程并考试合格者，可颁发毕业证书，符合学士学位要求者，可获学士学位。

（3）任选课要求

任选课参照教务处全院任选课课表，共选修 4 学分。

主辅修、任选课等专业、课程的开设，充分为运动训练专业学生开展其他专业的学习提供了条件，也为其他专业学习运动训练专业提供了便利，有益促进学生间的互相交流,做到各取所长,兼收并蓄,共同发展。

三、思路方法

(一)框架思路

长久以来,高校运动训练专业毕业生承担着振兴我国竞技体育、服务我国群众体育的重任,在我国体育事业发展中做出了突出贡献。梳理、构建我国运动训练专业人才培养方案,是促进我国运动训练专业人才获得更佳发展的重要途径,也是消除当前我国运动训练专业毕业生就业难的重要举措。本课题根据前期调研结果,依托整合现有资源,在提出运动训练专业人才培养方案的前提下,基于案例分析范式,力求为其他体育类高校运动训练专业人才培养提供借鉴。

本书结合我国体育强国战略,依托管理学、心理学等相关理论,提出运动训练专业人才培养体系方案,在方案的基础上,进一步通过系统整合与归纳,以及整理相关实践经验,尝试性地提出运动训练专业人才培养的长效机制。本研究主要包含以下几个方面,研究框架图如图 1 - 1 所示。

1. 政策文献分析

针对研究主题,搜集整理有关体育强国战略、高校运动训练专业人才培养、运动训练专业毕业生职业发展等方面的政策文献,包括政策法规文件、重要学术期刊、著作等资料,分析研究结果和研究建议,理清研究的概念与范畴,将复杂的研究做系统整合。

2. 政策内涵与转型路径研究

分析有关政策、制度,归纳评述运动训练专业人才的相关能力水平与素质特点,探究其制约条件、影响因子、决定因素、畅通路径等。

3. 研究目标

短期目标为构筑运动训练专业人才培养体系;长期目标为建立运动训练人才培养范式。

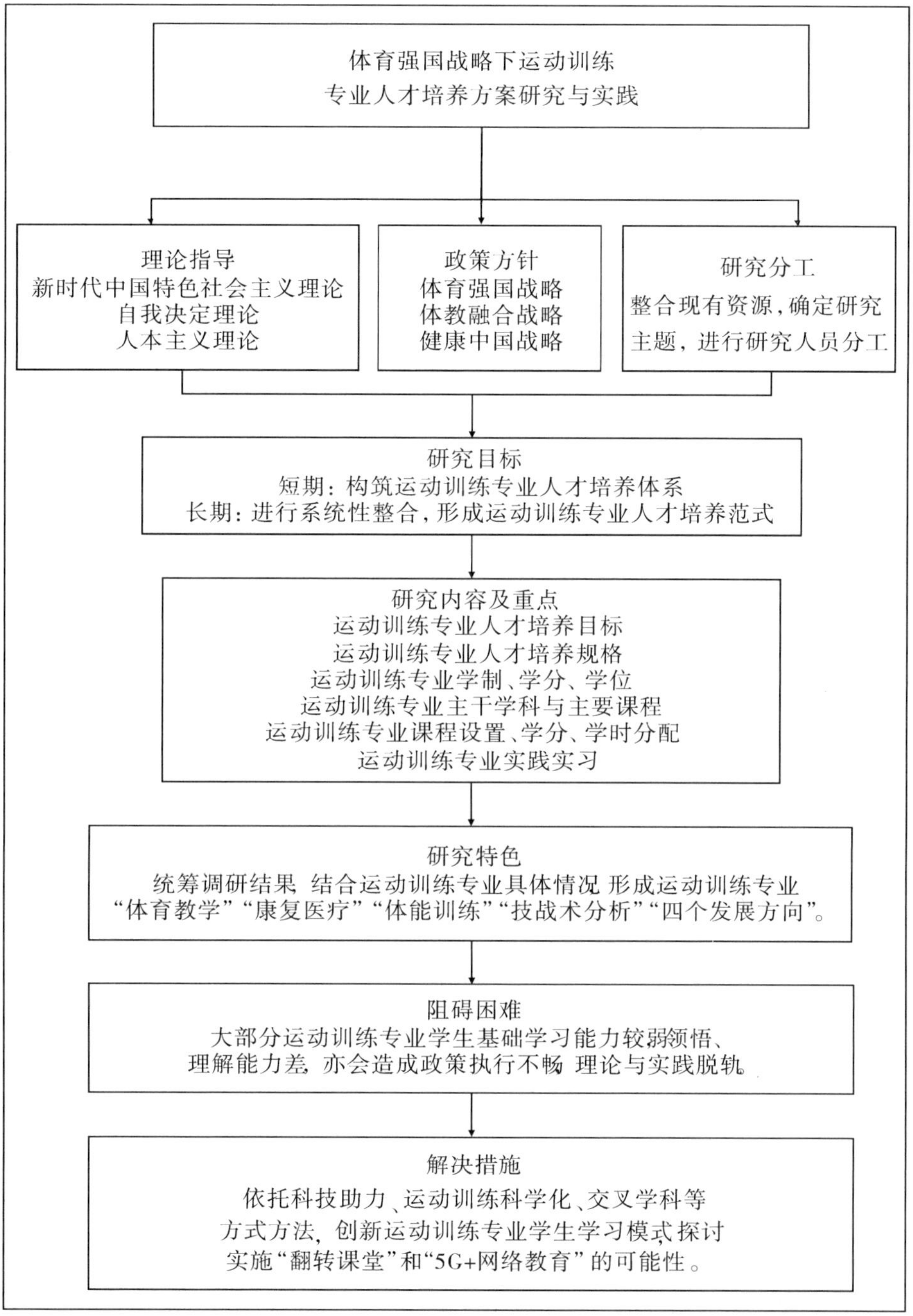
体育强国战略下运动训练
专业人才培养方案研究与实践
理论指导
新时代中国特色社会主义理论
自我决定理论
人本主义理论
政策方针
体育强国战略
体教融合战略
健康中国战略
研究分工
整合现有资源，确定研究
主题，进行研究人员分工
研究目标
短期：构筑运动训练专业人才培养体系
长期：进行系统性整合，形成运动训练专业人才培养范式
研究内容及重点
运动训练专业人才培养目标
运动训练专业人才培养规格
运动训练专业学制、学分、学位
运动训练专业主干学科与主要课程
运动训练专业课程设置、学分、学时分配
运动训练专业实践实习
研究特色
统筹调研结果 结合运动训练专业具体情况 形成运动训练专业
“体育教学”“康复医疗”“体能训练”“技战术分析”“四个发展方向”。
阻碍困难
大部分运动训练专业学生基础学习能力较弱领悟、
理解能力差，亦会造成政策执行不畅 理论与实践脱轨。
解决措施
依托科技助力、运动训练科学化、交叉学科等
方式方法，创新运动训练专业学生学习模式探讨
实施“翻转课堂”和“5G+网络教育”的可能性。

图 1－1　研究框架图

4. 研究特色

统筹调研结果，结合运动训练专业的具体情况，形成运动训练专业“体育教学”“康复医疗”“体能训练”“技战术分析”四类发展方向。

（二）研究方法

1. 文献资料

立足于体育强国战略下运动训练专业人才培养方案研究与实践的研究主题，通过电子文献检索国内外期刊数据库，搜寻相关文献和政策纲领资料，深刻领会、把握当前的理论研究动态，有针对性的整理体育强国战略相关主题的政策纲领、文献资料和研究成果，为本课题研究积累资料、建立研究的内容架构。

2. 专家访谈

通过与本领域相关专家的探讨和交流，了解当前我国高校运动训练专业人才培养的现实情况，把握理论动态，探讨研究的宏观进展和微观问题，为项目研究打下基础。

3. 实地考察

通过分层随机抽样方法对运动训练专业人才培养等情况进行调查，获取关键性证据，为后续研究奠定基础；通过与运动训练专业在校大学生的访谈，了解其自身需求、动机和面临的困难问题，为制订运动训练专业人才发展的长效机制奠定基础。

4. 数理统计

对数据进行统计分析，并运用相关分析法进行筛选指标及相关性检验，以及根据指标建立相关模型。

5. 归纳分析

分析相关政策、制度和专家访谈、实地考察结果，归纳评述运动训练专业人才能力水平与素质特点，探究运动训练专业人才培养的相关要求，并探索其制约条件、影响因子、决定因素、畅通路径等。

6. 案例分析

将运动训练新培养模式体系下专业毕业生的成功案例进行剖析，剖释典型、增强启示与引领作用，分析探讨制订运动训练专业人才培养的长效机制，提出相关治理建议。

四、创新之处

（一）学术思想

相较于已有研究，本项目注重理论方针政策的引领作用，强调对研究项目的深度挖掘。本书从体育强国战略、体教融合政策和管理学等理论出发，深度考察探求我国运动训练专业人才培养的疑难问题，构建运动训练专业人才培养的路径体系及其长效机制。

（二）学术观点

同已有研究相比，运动训练专业人才培养这一命题突出特色、注重实效。在我国举国体制下，运动员不断创造佳绩的背后是文化理论基础的薄弱及退役后面临的社会适应能力差，毕业转型上岗较困难。深入探索我国运动训练专业人才的培养模式，对其保就业和长期发展，对体育强国、体教融合政策理念的贯彻具有重要影响和作用。此外，创新规划与管理运动训练专业人才培养模式的长效机制，对运动训练专业人才自身发展具有重要影响，对我国竞技体育后备人才储备质量和数量的提升具有深远的意义。

（三）研究方法

与已有研究不同，本项目基于体育强国战略视角，深度剖析运动训练专业人才培养的短期收益与长效机制，采用定性与定量相结合、案例分析的研究方法与范式等，立足于解决当前运动训练专业人才培养出现的一系列实际问题，也试图构建完善的培养体系和长效机制。

五、问卷设计

尊敬的同学：

您好！首先非常感谢您在百忙之中协助我们填写这份学术调查问卷！答案没有优劣对错之分，请根据您的实际情况和第一感觉作答。我们郑重承诺：本问卷为匿名填写，仅供研究使用，其他任何人包括您的上级都不会看到您填写的答案，请您放心填写。在开始填写问卷之前，请您仔细阅读一下说明：

在您认为对的答案上打√

1. 您的性别

男　　女

2. 您的年龄（周岁）

3. 您的户籍在：

城镇　　农村

4. 您所在的年级

一年级　　二年级　　三年级　　四年级

5. 您大学就读之前的身份

现役运动员

退役运动员

具备高中、二级及以上运动技术等级资格的学生

6. 您的运动等级：

二级　　一级　　国家级　　国家级以上

7. 您是否是独生子女

是　　否

8. 如果您临近毕业,您现在的状况是怎样的?

已经签了就业协议

已经签了劳动协议

通过其他录用方式就业

待就业

不想就业,准备明年继续考研

自主创业

做一个自由的职业人

已经保研或者考上研究生(已经进入复试阶段也选这一选项)

准备出国学习或工作

9. 没有就业的原因是什么呢?

还在单位实习

正在找工作

正在进行公务员国考或省考

正在考医院、银行、事业单位

正在进行面试

不想找工作,想先换一换

有其他特殊原因

10. 您毕业后会从事现在所学的专业吗?

肯定会　　看情况　　绝对不会

11. 您认为现在学校所学的内容中,哪些对您的就业或未来的发展帮助可能最大?

____

12. 您认为现在学校所学的内容中,哪些对您的就业或未来的发展帮助甚微?

____

13. 您对学校在就业指导方面所做的工作是否满意?

满意　一般　不满意

14. 您认为运动训练专业的学生再就业方向上有哪些选择?

中小学教师

商业机构教练

国家公务员

自主创业

其他__________

15. 您认为您所学的专业前景如何?

很有前途　较有前途　一般　较无前途　没有前途

16. 您认为您的专业技能如何?

很好　强　一般　较弱　很弱

17. 您认为您目前的运动技能和运动等级能满足您对未来期望的职业的要求吗?

大大超出　基本满足　一般　不太满足　相差甚远

18. 您认为学校方面还需要为运动训练专业的学生做哪些调整和改变?

____

19. 作为运动训练专业的学生,您认为在学校学习的内容中,专业技能课对您未来的就业帮助大还是理论知识课对您未来的就业帮助大?

____

20. 您觉得本校对于运动训练专业的课程设置合理吗?

非常合理　比较合理　一般　比较不合理　很不合理

21. 您觉得本校对于运动训练专业的人才培养是否满意?

非常满意　比较满意　一般　比较不满意　很不满意

22. 如果您对本校对于运动训练专业的人才培养不满意,您认为有哪些地方使您不满意?

____

23. 如果您对本校对于运动训练专业的人才培养不满意,您认为有哪些地方可以进行优化和改进?

____

24. 您对过去在本校的学习生活满意吗?

非常满意　　比较满意　　一般　　比较不满意　　很不满意

25. 如果您对过去在本校的学习生活不满意,请说一说有哪些可以改进的地方?

____

六、访谈提纲

关于"体育强国战略下运动训练专业人才培养方案研究与实践"的访谈提纲

一、访谈目的

了解运动训练专业教师队伍对培养方案现状的反映。

二、访谈方式

面对面的访谈。

三、访谈对象

天津体育学院运动训练专业教师。

四、访谈时间

五、提问提纲

(一)访谈开场语

您好,我是天津体育学院的一名学生,现在正在做关于"体育强国战略下运动训练专业人才培养方案研究与实践"的专题调查,耽误您宝贵的时间请您完成这次访谈,本次访谈主要通过问答方式进行,访谈内容将严格保密!为保证访谈的有效性,请真实地回答每个问题,如果没有疑问的话,我们就开始吧!

(二)访谈对话

第一部分:对话部分

1. 运动训练专业和体育教育专业或与其他体育专业的方向区分是什么?

2. 对于运动训练专业的学生培养的侧重点在哪?

3. 您觉得运动训练专业人才步入职场,他们的优势在哪? 是否有不足? 如果有,是什么?

4. 如何帮助运动训练专业的学生在职业道路规划中扬长避短?

5. 如何才能在体育强国背景下更好地让运动训练专业与大众体育或竞技体育相结合?

6. 您认为运动训练专业的学生在入学时与其他专业的学生(尤其是体育教育专业的学生)相比有哪些不同之处?

7. 您认为运动训练专业采取与其他专业不同的招生政策(单独招生)的目的在于什么?

8. 您认为在高校扩招的背景下如何通过课程设置来提高运动训练专业的人才培养质量?

9. 您认为如何通过课程设置提高运动训练专业的学生在毕业后从事相关工作的比例?

第二部分:访谈结束语

再次感谢您的配合,祝您工作顺利,生活愉快。

六、采访步骤

1. 观察活动现场

2. 选取对象

3. 开始访谈并记录

4. 访谈的反思与评估

七、采访前要携带的器材备注

1. 本子、笔及相关个人证件

2. 录音笔

3. 访谈提纲

第二章 体育强国战略下高校科技助力体育平台建设研究

2019年,国务院颁布的《体育强国建设纲要》一文中指出:“依托高校、科研院所、高新技术企业,围绕科研攻关、科技保障,培育建设多个国际化体育科技合作平台。”服务于体育发展的体育平台数量远远目满足不了国家的需求,体育平台建设的数量与质量亟待解决。并且,如今科技对人类活动的影响越来越大,在体育领域亦是如此,体育能使人变得更聪明、更自信、更坚韧、更宽容、更有担当意识,培养青少年的好奇心、创新意识和创新能力。但体育科技在一定程度上制约着我国体育强国目标的实现。因此,全面提升体育科技创新能力对助力建设体育强国显得至关重要。教育部近来也已启动实施高校基础研究珠峰计划,以培育“四大”——大平台、大团队、大项目、大成果为目标,力争在更多领域由跟跑转为并跑,争取更多领跑。面对“平台经济”时代,政府传统治理模式无法满足平台化趋势所带来的挑战,亟须重新界定政府主体在互联网平台经济治理中的地位与功能转型,在平台情境下,平台企业社会责任的缺失现象也需与治理结合进行深入研究。因此,利用高校综合科研能力实现体育科技的发展与突破,对体育强国建设具有非常重要的意义。

一、研究背景

(一)国家相关政策鼓励体育平台的建立

国务院在2019年下发第40号文件,提出了《体育强国发展纲要》。《体育强国发展纲要》提出,要提升竞技体育综合实力,增强为国争光能力。构建科学合理的训练体系，加强优秀运动队复合型训练团队建设，构建符合科学发展要求的训练体系本课题探究依托高校统筹国际国内体育科技资源，聚焦竞技体育等领域，构建跨学科、跨地域、跨行业、跨部门的体育科技协同创新平台。

（二）团队合作是提高工作效率的重要方式

进入21世纪以来，团队在企业中的普及使得以团队为基础的工作方式已取得了比任何人预言的都要显著的效果。调查发现，80%的世界500强企业中，至少有一半或一半以上的员工以团队方式工作。

（三）体育科研的实际要求体育平台出现

作为一门综合性的交叉学科，体育的发展与社会、经济、教育、管理、心理、生理等数门学科的发展息息相关。体育的这一特点决定了，在进行体育科学研究和运动训练时间中经常需要运用多门学科的知识。这也就决定了团队合作、建立平台的形式，是最适合于体育科学研究的。

二、研究目的

第一，建立体育科技平台，服务竞技体育奥运团队。

第二，找出现有平台问题，提出解决方案。

第三，提高我平台竞争力。

三、研究意义

体育是人类社会发展中，根据生产和生活的需要，遵循人体身心的发展规律而发展起来的。作为体育组成部分的竞技体育，更是现代国家之间竞争的重要"战场"。

建立体育科研平台，可以更精确、直接地服务我国竞技体育团队，达到科学进行运动训练;延长运动员运动寿命;提高国际赛场成绩的核心目的。

四、研究对象及方法

(一)研究对象

以体育强国战略下高校科技助力体育平台建设为研究对象。

(二)研究方法

1. 案例分析法

2. 专家访谈法

3. 问卷调查法

五、研究内容

(一)高校科技助力体育平台理论基础分析

1. 相关概念界定

体育科技:科学是关于自然、社会和思维的知识体系(宋原放等,简明社会科学词典。上海辞书出版社,1982. 754),技术是利用科学来解决实际问题的方法和方法原理。传统定义上,习惯于把科学和技术连在一起,统称为科学技术,简称科技。那么体育科技即是以体育领域内事物发展客观规律的知识体系为基础,用以解决体育领域实际问题的方法和方法原理的辩证统一体。

科技助力体育:以关于自然、社会和思维的知识体系和解决实际问题的方法和方法原理为依据,帮助体育领域内事物发展规律的探索和实际问题的解决。

科技助力体育平台:为了有助于将科学技术用以探索体育领域内事物发展规律和解决体育领域内实际问题而设置的工作台。

(二)体育科技

1.体育科技发展概况

进入21世纪后,中国社会在各方面都加快了发展的步伐,我国的经济文化渐渐地与国际接轨,国民生活质量也走上了一个新的水平。国家体育事业发展的一项重要作用是提高国民的身体素质同时体育产业为国家的繁荣和财政收入也做出了重要贡献。“科技是第一生产力”,在体育领域,科学和技术同样是发展的首要推动力。谢军等人在《奥运备战视域下科技助力竞技体育发展的研究》一文中指出,科技助力竞技体育是应用先进的科学技术,并通过科技创新和科技服务提升运动员竞技表现,并在比赛中取得优异成绩。在全面推进小康社会的步伐中,中国国家体育国际化的程度越来越大,党中央也越来越重视体育运动技术的研究并不断实施开发和推广传统的特色体育。我国体育科技从起步、停滞、恢复发展到今天的蓬勃发展,经历了一个艰辛的发展过程。

通过查阅相关文献资料得知,在体育科技管理体制方面,我国体育科技实施“举国体制”指导下的“科技举国”管理体制,在长年发展建设过程中,体育科技行政管理体系逐步形成,体育科学研究机构不断发展壮大,体育科技人才逐年稳步上升。针对竞技体育领域板块,我国以备战奥运会为重点,建立国家队科技保障体系,加强体育科技基础条件建设,在国际赛场上实现了有目共睹的飞跃。针对群众体育领域板块,我国开展学生和全民体质监测研究,启动全民健身科技工程,为我国群众体育的发展奠定了良好基础,并为制定一系列体育锻炼标准提供了符合中国人民的科学依据。

同样,在我国体育科技的长期发展过程中机遇与挑战并存。随着我国市场经济的不断发展,随着我国市场经济的不断发展,体育科技发展阻力愈演愈烈。陈洪在《我国体育科技发展的现状及对策研究》一文中指出以下制约因素:我国体育科技的管理体制及运行机制有待完善(体育科技资源内部结构封闭且不合理、制度建设不够完善、行政机构与科研事业机构、行政机构与运动项目中心某些职能划分不够不清，管、办没有彻底分离）；科研人员总量少，学历水平不高，缺乏高素质综合性体育科研人才；体育科技的经费投入单一且相对较少；体育科技在竞技体育与群众体育领域发展失衡；体育科技成果推广不足，体育科技产业化水平低。这些因素都严重影响了中国体育产业、体育事业的发展。

随着体育国际化、现代化、社会化和产业化的发展趋势，科技在体育发展阶段中所扮演的角色越来越重要。体育科技水平在某些程度上已经能衡量出一个国家的综合实力。中国人的体育大国之梦少不了体育科技的发展，体育科技在中国的体育产业的发展过程中起着重要的作用，同时它在群众体育、竞技体育的发展周期中起着不可替代的作用。

2. 体育科技创新现状

体育科技创新是指以新思维、新描述和新发明的方式实现体育领域内科学与技术的进步。体育科技创新是体育科技进步的重要力量之一。随着体育科技发展全球化，体育科技创新的重要性愈发地明显，越来越成为体育事业发展和腾飞的决定性因素。

我国体育科技随我国体育事业的发展稳步推进，经历了从无到有，从受挫到复兴，从改革到辉煌的不同发展历程，其中体育科技创新发挥了不可替代的作用。在此期间，我国在体育科技创新技术研发领域取得了显著进步，在国际上踏入高产高影响力国家行列，同时产生了一批诸如北京体育大学、上海体育学院等国际高影响力的体育科研机构，凭借高产和高质的论文成果跻身世界顶尖级研究机构行列，中国体育科技步入了新时代。然而，我国体育科技影响力并未处于世界领先水平，与全球领先水平相比，仍具有较大差距。

人是行为的主体。同样，在体育科技创新中人仍然是决定性因素。体育科技创新成功与否归根结底还是在于人，体育科技人才。根据全国第五次体育人才队伍普查结果显示，我国体育系统内各类体育人才总量为 120381 人。其中，机关公务员 19792 人，机关其他人员 3252 人；事业单位管理人员 42653 人；教练员 29310 人；优秀运动员 17038 人；工勤人员 24748 人，其他人员 643 人；企业人员 3454 人，其中包括企业专业技术人员 254 人；体育裁判员 2006 人；社会体育指导员 9879 人；专业技术人员 25086 人。体育科研人员包括在专业技术人员之列。在我国体育专业技术人员队伍 25086 人中，科研系列共 1165 人，占全国体育专业技术人员的 5%，充分说明我国体育科技人才数量少之又少。同时根据相关文献研究，我国体育科技人才在创新意识、创新经验方面基本处于较低水平。

体育科技成果转化作为体育科技创新的重要环节，对促进和推动我国体育事业可持续发展具有举足轻重的作用，促进我国体育科技成果高效转化关乎体育事业、体育产业乃至国民社会经济的发展速度和质量，也是我国体育科技创新研究领域的热点问题之一。然而，我国体育科技成果转化率亟待提升。有关研究表明，我国体育科技进步对体育事业的贡献率仅为 30% 左右，远远低于发达国家的 60%—70%，虽然在研究过程和计算方法上有所差别，但这一结果也在一定程度上说明了我国体育科技投入产出比不高，科技投入结构不合理，科研成果推广不足等问题。

3. 体育科技创新的模式、特点和问题

（1）体育科技创新模式

我国体育科技创新模式实施的时间是“举国体制”指导下的“科技举国”管理体制，在长期发展建设过程当中，体育科技行政管理体系逐步形成，体育科学研究机构不断发展壮大，体育科技人才逐年稳步上升。

（2）体育科技创新特点

A. 实际需求性

体育科技创新从过程上讲，不是强调先有科技成果，再去搞成果转化，而是从课题立项起就应从运动队训练实践需求出发。仅有科技成果和发明是不够的，关键是它能否转化为有价值、有效益的成果。

B. 科学性

随着全球体育国际化、现代化、社会化和产业化的发展趋势，现代竞技体育竞争越来越激烈，运动员们比赛差距越来越小。竞技运动不再是运动员们本身的较量，而是体育科技与人体本身结合程度的对比。只有不断将体育科技按照人体发展规律和体育项目规律应用至运动项目主体才能实现体育科技的创新。

C. 综合性

体育科技创新不是一个，两个，或者几个方面的创新，因为体育运动的行为主体是人，需要通过人体本身来完成，而人是一个复杂的、系统的个体，因此体育科技创新需要各单位相互协同努力使之能真正做到科技成果转化。

D. 学科交叉性

科技创新其实是一个跨学科的研究领域，是一项庞大的系统工程，进行体育科技创新需从生物学、力学、生理学、经济学、社会学、管理学等多维度角度对其进行了研究，因此体育科技创新具有学科交叉性。

(3) 体育科技创新存在的问题

A. 体育科研团队的人员问题

体育科研团队是指由少数技能互补的愿意为共同的目的、业绩目标和工作方法而相互承担责任的个体组成的具有体育科学技术研究与开发功能的不断演化发展的群体。体育科研团队的组织形式属于一种扁平式的包含所有连接方式和所有构型的具有最多关联数的复合构型。在人员选派方面，第一遵从的即是专业对口，第二则是择优录取。由专业的人员做专门的工作，才能起到事半功倍、众人拾柴的效果。

在日常的平台管理中，会出现长期内没有比赛任务的现象，而如果采用专人专雇的方法，就会出现滞留等人才资源浪费现象。所以应该合理规划人员配置，在任务周期内，通过借调、选派等方式，最大化地发挥人才价值的同时避免浪费人力物力。

并且，科研团队实现创新必须要有一个合理的知识结构、和谐的科研环境，合理的人员配置是科研团队得以顺利完成科研任务的保证。

首先，团队成员的知识、年龄结构等是否合理，决定了是否将团队中的知识盲点降到最低，为知识创造过程最大限度地排除了知识本源上的障碍，是知识创造的前提条件。其次,科研团队必须要有较强协调和管理能力的成员,这些成员对于形成良好的团队氛围、解决团队成员的矛盾、对外部资源的获取等方面有着重要的作用,是形成良好科研氛围的保障。与知识共享模型构成相一致,科研团队人员的选择应同时包括上述两种类型的人员,合理的人员配置是高绩效科研团队构建的必备条件。

B. 科研团队知识创新中的组织障碍

毋庸置疑,科研环境对于科研团队的知识创新活动有着极其重要的作用。要实现科研团队成员之间的知识共享就必须在科研团队组织中给予成员物质、精神、设备等硬件方面的支持;从组织结构、制度、管理及评价体系上保障团队的和谐稳定,为团队成员之间知识共享创造良好的文化氛围,以激励团队成员的工作积极性。

科研团队作为非正式的人际网络,政策、制度并不能直接对高校体育科研团队构建起到作用。现阶段研究表明,部门制度与体育科研论文产出并不成正比。体育科研制度对于体育科研团队的影响,主要在于提高科研人员的知识结构、建立合理的人才流动机制和体育科研合作机制,能够为体育科研活动提供各种支持,为体育科研团队构建营造良好的文化氛围。

C. 科研团队构建中的知识共享障碍

知识创造过程贯穿于整个科研团队网络运行机制之中,从而实现科研团队的目标——知识创新。科研团队在知识创造中都存在着知识共享的障碍,这种障碍一方面源于知识的内在属性,另一方面源于知识共享驱动力的强弱。

首先,合作双方的知识结构决定了知识创新的可能性和创新程度,合作双方知识结构的异质性越高越有可能创新,但是异质性过高不利于双方知识的交流与共享,彼此之间的隐性知识无法外化为易于理解的显性知识,科研团队中的知识共享将无法进行。其次,知识是一个动态事物,随着环境、历史时期、因果关系等依附条件的不同可能具有不同的含义,这就造成了不同视角对同一问题不同的看法,使得科研合作过程的结合得不到实现,科研团队知识共享陷入僵局。最后,人类只有 20% 的知识属于显性知识,80% 的属于隐性知识,这种隐性知识在许多时候难以通过语言或文字准确地表达出来，对于知识的接受者而言在“意会”方面稍有偏差，就可能会导致知识传播中的错误，隐性知识的挖掘主要是在实践中获取的。建立一个有效的运行机制，加强团队成员之间合作，实现隐性知识的外化过程是科研团队实现知识创新最为困难的环节之一。

D. 资源因素对高校体育科研团队构建的影响

现代科技革命显现出全球化、社会化、专业化、一体化等新特征。在这种形势下体育科研活动范围大大增加，宏观上从全球关注的兴奋剂问题，到跨地区的竞技体育人才流动等，体育科研的范围已超越国界；中观上体育科研活动已呈现出高度的社会化趋势，合作是体育科研发展的必然趋势；微观而言，体育学科自身不断分化和综合，使得体育科研活动又趋于更加的专业化。科研资源的开发、利用程度决定了体育科研创新能力和可持续发展。利用高校的人才和学科等资源优势服务于体育科研活动，是提高高校体育科研水平亟待需要解决的问题。人类知识源于直接经验和间接经验，高校体育教师的直接经验源于高校的体育教学与训练的实践，绝大多数高校体育教师在科研中取材于体育教学训练的内容，对于体育教学训练有比较深刻的认识；间接经验则源自对体育相关学科领域的学习过程中，相对而言广大高校体育教师对于其他相关领域间接经验的获取能力不强，忽视了高校自身存在的巨大学科优势，高校体育科研相对单一，教师知识结构同质性过高，跨专业、跨学科研究较少，对高校丰富的学科资源利用不充分，是限制我国高校体育科研水平的一个重要因素。

E. 科技成果实现中的转化障碍

体育科技的成果最终要转化为现实生产力服务于体育发展的实践。竞技体育领域的体育科技发展是体育科技发展中的最强领域，其贡献率远低于国际水平，可想而知在群众体育和体育产业领域我国体育科技成果的转化率更低。

并且，在科技创新推动体育发展方式转型的今天，体育科技发展的自主创新能力是打造我国体育事业核心竞争力的关键所在，但目前我国体育科技自主创新能力仍属于中等偏下水平。

F.科技团队与运动队结合的联系障碍

一方面，科技服务与国家队的科技需求之间供需错位，或高或低，或根本不符。科研和训练脱节，科技服务经常游离于运动队的训练实践之外。有些科研人员到运动队后，只能使用一些普遍性的方法与手段，很少能针对各个项目的具体特点，研发和使用一些专用技术和方法，缺乏针对各个项目专项特征开展科技服务的能力。前体育科研所所长陆绍中说“有时候科技人员下队服务，教练员觉得科研人员耽误他们训练”。

另一方面，科技成果难以在国家队的训练过程中形成生产力。在与国家体育总局科教司科技处副处长隆胜军的专家访谈中发现：一些科研人员对备战奥运会科技工作的认识仍然局限于“课题研究”，习惯于按照科研课题的方式开展工作，过于强调学术性，热衷于“论文情节”，而忽略了应用性。加之我国教练员和运动员的科学文化水平不高，借助“论文”进行科学训练的意识和能力有待于进一步提高，这共同造成了“只见科技成果，不见训练成效”的局面。

六、体育科研团队有效性的实证研究

体育科研团队的有效性就是体育科研团队运作过程中各种因素交互作用下产生的实际结果，具体包括：第一，团队绩效。该体育科研团所产出的学术成果的数量和质量、实际服务于竞技体育团队时取得的各方面成效以及研究成果的获奖情况等。第二，成员态度。该平台各单位人员对于本阶段工作成果、分配的满意度；是否愿意在下一周期继续进行合作工作等。第三，团队进步。各平台成员合作工作的能力以及知识技能水平的增长等。而这三方面又有三种影响因素，分别是构成因素、过程因素以及心理特征因素。

（一）如何提高体育科研团队的有效性

关于高效体育科研团队的基本特征，前人已经进行了较为全面的研究，其中拉森和拉法斯脱、卡尔及罗宾斯和库尔特等人的研究比较具有代表性。拉森和拉法斯托(1989)认为,一个运作有效的团队具有8个基本特征:清楚而令人振奋的目标、以结果为导向的团队结构、有能力胜任的成员、一致的共识、合作的氛围、卓越的标准、外界的支持与认同、有效的领导。卡尔(1992)认为,一个成功的团队有9个特征:支持团队合作的共享价值,对互信、共识、尊重、合作等价值的信仰不渝,清楚而有价值的目标,每位成员都很重要,对目标的承诺,明确而可衡量的目标,直接、迅速、可靠而有效的回馈,团队为主的奖酬系统,个人及团队的能力必须兼备。罗宾斯和库尔特(2004)从他人的研究中总结出8个与高效团队有关的特点:清晰的目标、相关的技能、相互的信任、统一的承诺、良好的沟通、谈判的技能、恰当的领导、内部与外部的支持。为了提高我平台竞争力,一专多能的构建办法最为合适,寻找我国竞技体育团队的需求,对症下药,并且能够兼任完成其他共性任务。

1. **清晰而有价值的目标**

高效体育科研团队的目标应该清楚明确,以便于落实到团队和每个成员的具体目标中去。这个目标还应该紧密结合我国竞技体育、学校体育及群众体育发展的现实需求,从而使团队成员相信自己的工作是有意义的,最后一定能得到有价值的成果。清晰而有价值的目标不仅能使团队成员明白团队以及自身所追求的方向,更能激发团队成员的积极性和创造力。

2. **能胜任的领导和成员**

高效体育科研团队的领导不仅拥有突出的专业知识、技能及管理能力,而且拥有高尚的思想品德。他们能够为团队制订目标,为团队成员指明前进方向,并带领他们为了共同的目标而努力;他们对团队成员充分信任,乐意与其分享领导权,积极鼓励成员参与讨论、共同决策;他们善于鼓舞团队成员的自信心,帮助他们更充分地了解自己的潜力;他们往往担任的是教练和后盾的角色,他们对团队提供指导和支持,但并不试图去控制它。高效体育科研团队的成员不仅拥有完成团队科研任务所必备的知识、技能,而且拥有乐意与他人合作的个性品质。他们在知识、技能上能够形成互补,共同完成团队的任务目标;他们互相竞争,互相合作,互相帮助,互相促进;他们勇于承担责任,共同为团队的目标负责。

3. 合理的团队结构

高效的体育科研团队需要形成合理的学缘结构、年龄结构、职称结构及专业结构。学缘结构合理的团队能够带来观点的碰撞、方法的融合以及信息的共享等，从而有利于提高团队的创新能力；职称结构合理的团队分工明确，优势互补，能够充分发挥不同职称团队成员的特点，易于形成合理的学术梯队；年龄结构合理的团队能够始终保持旺盛的精力和活力，有利于团队的可持续发展；专业结构合理的团队则有利于攻克跨学科的研究课题。

4. 高效的团队运行过程

高效的体育科研团队在运行过程中能够保持良好的沟通、合理的授权、充分的激励以及有效的冲突管理。沟通良好的团队拥有畅通的沟通渠道和良好的沟通氛围，其团队成员掌握了必要的沟通技巧；授权合理的团队能够提高领导的效率，增强团队成员自主参与团队管理的意识，发挥其决策能力，增加其努力工作的动力；受到充分激励的团队成员努力工作的动机来源于追求成就感和自我实现，他们更加重视能够促使自己不断发展的、有挑战性的工作，他们希望完成的工作业绩能达到一种令自己感到自豪的水准，他们对知识、个体和事业的成长有着不断的追求；冲突管理有效的团队能够激发导致热烈讨论和重新思考的建设性冲突，尽力消除人际关系方面的破坏性冲突。

5. 良好的团队创新氛围

高效体育科研团队的核心特征是拥有有利于创新的团队氛围。高效体育科研团队的成员能够共享信息，互相监督，乐于听取来自团队内部的不同意见。他们互相信任、互相尊重、互相理解，共同为团队目标负责。他们之间具有一种强烈的认同感和归属感，这能激励他们团结协作，共同实现团队目标。

6. 有利的外界条件

高效的体育科研团队能够从组织管理层、其他群体及个人那里获取各种能够转化为体育科研成果的资源。首先，组织管理层制订的包括绩效评估和人力资源管理等政策的团队管理制度是团队保持稳定而高效的保障。因为合理的绩效评估体系能够提高团队成员的工作满意度,从而提高其工作积极性和继续进行团队合作的意愿;有力的人力资源管理政策有利于团队吸收优秀的团队成员参与进来。其次,组织管理层提供的设备、经费、物理工作环境等方面的资源是必要的物质条件。最后,来自其他群体及个人的信息、技术支持等也是不可或缺的外界条件。

(二)体育科院团队有效性现状调查(问卷调查)

问卷包括背景资料、有效性测量量表以及其他相关问题等三个部分。根据前文建立的体育科研团队有效性研究的研究假设,确定量表部分需要测量的变量包括团队领导的胜任力、团队授权、团队创新氛围及团队管理制度等 12 个自变量和团队有效性这 1 个因变量。

在问卷设计初步完成之后,请 1 位管理科学方向、1 位应用心理学方向,及 2 位体育产业方向的老师对测量条目的合理性和用词准确性进行审查,检验量表的内容效度。作者还请 3 位体育专业的硕士研究生填写问卷,结果他们都能在 15 分钟以内完成问卷,说明问卷的完成时间设计合理。

1. 团队领导的胜任力初始测量条目

体育科研团队的领导角色与传统组织的领导角色是完全不同的。传统组织的领导更多地从事命令与控制类型的工作,而体育科研团队的领导需要授予成员更多的自主权并担任管理冲突、处理困难、为成员创造机会等工作,他们在团队中主要扮演领头羊、困难处理专家、冲突管理者等多种角色。体育科研团队的领导很难通过组织赋予的权力管理团队科研活动,他们主要通过基于专业能力基础上的专家性权力和魅力性权力影响整个团队。所以,对体育科研团队领导胜任力的测量应该从专业技能、问题解决能力、处理人际关系能力、风格及人格魅力、培养人才能力等方面进行。因此,本研究中关于团队领导胜任力的测量条目也是针对这几个方面设置的。作者在对前人的研究成果进行整理的基础上,结合访谈结果,设计出 7 个团队领导胜任力初始测量条目。见表 2 - 1 所列:

表 2－1　团队领导的胜任力初始测量条目

问卷内容
团队领导具有战略眼光，时常能准确预测学术动向
团队领导能及时意识到团队外界环境变化，处理好与外界的关系
团队领导能找出影响效率的问题并积极采取行动取消
团队领导提倡学术平等、自由争论的学术气氛
团队领导能根据各成员的不同特点为团队成员创造学术发展机会
团队领导时常提出创新性的研究与分析方法
团队领导风格鲜明，有领袖魅力

2. 团队成员的胜任力初始测量条目

体育科研团队在选拔团队成员时首先考虑的就是他们是否具备完成团队任务所需的能力。体育科研团队需要其成员拥有体育科学研究特长、问题解决能力及处理人际关系能力等三种能力。体育科研团队在进行成员选拔时还应该考虑到成员的人格特点。因为，团队成员的人格特点将对他们在团队中的行为产生显著影响，从而对团队有效性产生影响。体育科研团队在进行成员选拔时还应考虑成员的团队工作偏好，尽量选择那些既有学术专长和合适的人格特点又有合作精神的成员。因此，本研究中关于团队成员胜任力的测量条目也是针对这几个方面设置的。作者在对前人的研究成果进行整理的基础上，结合访谈结果，设计出 6 个团队成员胜任力初始测量条目。见表 2－2 所列：

表 2－2　团队成员的胜任力初始测量条目

问卷内容
团队成员善于寻求解决问题的新主意与新方法
团队成员的专业知识能够满足科研任务的需要
团队成员能很好地处理人际关系
宁愿作为团队的一员工作而不愿独自工作
每一个团队成员的角色都十分明确，并为所有的成员所接受
团队成员拥有良好的人格特点

3. 共同愿景与具体目标初始测量条目

体育科研团队的共同愿景赋予团队一种高于团队成员个人总和的认同感，它能够为成员指引方向、提供推动力，创造巨大的凝聚力，让团队成员为之做出承诺。体育科研团队具体目标的设置必须始终围绕共同愿景而不偏离这个轨道。此外，具体目标必须是具体明确、具有挑战性和切实可行的。因此，本研究中关于共同愿景与具体目标的测量条目也是针对这几个方面设置的。作者在对前人的研究成果进行整理的基础上，结合访谈结果，设计出 6 个共同愿景与具体目标初始测量条目。见表 2 – 3 所列：

表 2 – 3　共同愿景与具体目标初始测量条目

问卷内容
团队的预定目的是有价值的
团队的预定目的值得我们去努力奋斗
团队目标是切实可行的
团队目标具有挑战性，能够激起我们的工作动力
团队目标具体清晰，能够将具体责任分配到每个团队成员
团队目标由整个团队共同参与设置

4. 问卷分析

(1) 团队构成因素对体育科研团队有效性的影响

本研究还通过问卷请被调查者对“体育科研团队领导的重要能力”进行了多项选择。在 25 名被调查者中选择“专业知识、技能”的有 20 人次；选择“组织、管理能力”的有 18 人次；选择“变革、创新能力”的有 18 人次；选择“人格魅力”的有 17 人次；选择“人才培养能力”的有 15 人次。见表 2 – 4 所列：

表 2－4　体育科研团队领导的重要能力

团队领导的能力	人次	百分比
专业知识、技能	20	80%
组织、管理能力	18	72%
变革、创新能力	18	72%
人才培养能力	17	68%
人格魅力	15	60%

并且,从问卷结果中可以看出,被调查者认为团队领导首先应该具有较强的专业知识、技能,然后依次是组织管理能力、变革创新能力、人才培养能力及人格魅力。这个结果与文献研究的结论一致。然而,运用团队领导胜任力分量表对团队领导的胜任力进行测量的结果表明,“团队领导具有战略眼光,时常能准确预测学术动向”的得分以及“团队领导时常提出创新性的研究与分析方法”的得分明显高于其他 3 项的得分。

在文献研究和问卷调查的基础上,根据表 2－4 和评分的结果可知,我国体育科研领域对团队领导进行选择时一定程度上忽略了组织管理能力、人才培养能力及人格魅力的重要性。或者,说明我国体育科研团队的领导还没有充分认识到这些能力对提高团队运行效率的重要性。

(2)团队成员胜任力对体育科研团队有效性的影响

本研究还通过问卷请被调查者对“选拔体育科研团队成员应考虑的主要因素”进行了多项选择。在 25 名被调查者中选择“专业知识、技能”的有 23 人次;选择“人际交往能力”的有 18 人次;选择“人格特点”的有 16 人次;选择“创新能力”的有 20 人次;选择“与他人合作的喜好程度”的有 18 人次。见表 2－5 所列:

表2-5 选拔体育科研团队成员应考虑的主要因素

选拔团队成员的考虑因素	人次	百分比
专业知识、技能	23	92%
创新能力	20	80%
与他人合作的喜好程度	18	72%
人格特点	16	64%
人际交往能力	18	72%

从表2-5中可以看出，被调查者认为选拔体育科研团队成员首先应考虑专业知识、技能，然后依次是创新能力、问题解决能力、与他人合作的喜好程度、人格特点及人际交往能力。这个结果与文献研究和访谈研究的结论基本一致。然而，运用团队成员胜任力分量表对团队成员的胜任力进行测量的结果表明，“团队成员善于寻求解决问题的新主意与新方法”的得分、“团队成员的专业知识能够满足科研任务的需要”的得分以及“团队成员能很好地处理人际关系”的得分明显高于其他两项。

七、结论与建议

（一）结论

“十四五”时期我国正经历着世界百年未有之大变局，是我国全面建成小康社会、实现第一个百年奋斗目标之后，乘势而上开启全面建设社会主义现代化国家新征程、向第二个百年奋斗目标进军的第一个五年。而体育正是如今实现该目标的有利推手，因此，体育强国目标亟待实现。在当今，科技对于体育的发展可谓是举足轻重的，完善体育科技创新体制机制将有利于我国建成体育强国。体育平台正是这一概念的完美产物。体育平台以人为第一要义，培养和挖掘体育创新型人才；以智慧体育为基础，面向社会，实现体育合作平台智能化；

借助高新精密仪器共享机制，在有限资金的情况下服务更多的体育人才，发挥实际资源的最大效益，创造更多体育科研成果。体育科技共享平台的建立将有利于团结起来办体育，实现我国体育强国目标。

社会科技发展的变化在不同程度上对体育产业的发展产生了多维度、全方位的影响，促使着体育产业进入新的发展阶段。科技创新助力体育平台建设需从以下几个方面着手。

（二）建议

1. 培养体育科技人才

21 世纪科技进步取得了迅猛的发展，科技改变了人们生活的方方面面。当然，体育作为人类生活的一部分，科技对于体育发展的影响是显著的。科学技术发展的变化在不同程度上对体育产业的发展产生了多维度、全方位的影响。同样，科技对于体育平台建设的影响毫无疑问是举足轻重的。人是生产活动第一要素，我国体育高质量发展对创新人才产生了巨大的需求。我国体育发展要立足新时代，把握新机遇，以新科技及其应用的新领域为依托，加强创新驱动，将新科技支撑体育消费作为我国体育新发展格局中的内生变量，以新科技加快我国体育治理体系现代化与治理结构开放与互联，以新科技引领我国竞技体育更好、更快、更高、更强地发展，以新科技赋能我国高等体育教育改革与发展。所有科技创新驱动无不以人才驱动为根本，因此，在科技助力体育平台的建设过程中，以培养具有科研能力、创新能力的体育人才为首要义务，为科技革命浪潮下的中国体育发展奠定坚实的基础。

在政策上，加强全方位的政策引导。积极的管理政策不仅能调动科研人员的积极性，更在做好管理工作的过程中推动科技发展；反之就会制约科技的发展，打击科技创新的积极性，对科技工作起消极作用。体育科研人才培养涉及的方面越来越多，越来越复杂，涉及的相关的主体就包括党政部门（包括党政领导部门、政府职能部门，如体育、教育、文化等），社会组织（包括国内组织、国际组织，如协会、社区、俱乐部、赛事组织等），运动队（包括国家队、省市队、职业队、专业队、业余队、草根队等),企事业单位(如学校、少年宫、赞助商、制造商、场馆等),家庭(包括父母、祖父母、兄弟、姊妹等)和个人(包括教练员、运动员、教师教练员、学生运动员等)六方,光靠党政部门和教育部门的力量显然已经很难培养高层次体育科研人才。这就要求体育科研人才培养要从过去以党、政府及其教育部门管理为主,逐渐向今后党政部门、社会组织、运动队、企事业单位、家庭和个人六方多元平台的双向或多向平等合作,形成利益相关者互动网络,加强政策引导,培养具有浓厚科研气息的社会人文环境。

在教育思想上,注重通识教育,为体育科研人才创造条件。坚定贯彻落实体教融合政策,让体育回归教育本质,加强学生通识教育,培养会体育的学生,而不是片面地将体育和教育分离,或是"教育"和"体育"两者位置颠倒。做科研好比建金字塔,只有基底夯实了,金字塔的高度才能上得去。通识教育注重学生全民知识结构的培养。同时,通识教育突破了专业和学科之间的壁垒,激发学生创造性思维,为高层次科研人才培养创造了条件。

在教学实践上,强化学生的实践动手能力。科研始于问题、源于实践,大学实践教学有利于培养学生理论联系实际的作风、严谨求实的科学态度和独立动手的工作能力有利于帮助学生理解、掌握和运用理论知识。相对于理论教学而言,实验与实践教学更加有利于突出学生主体,促进其主动建构科学的知识体系。因此,实践教学应该成为培养高层次体育科研人才的重要教学方式。

2. 打造"精细化"高水平科学型复合教学团队

随着新时代竞技体育事业的持续发展,体育强国目标逐渐成为现实,传统的教学团队已不能适应时代发展的步伐,科技在教学团队中的应用便发挥出至关重要的作用。因此,打造出一批精细化的高水平科学型复合教学团队将极大地提升科技助力体育平台建设效能。

将高校科技人才引入竞技体育,以推动竞技体育发展为原则,依靠高校科技条件为支撑,围绕优势项目和最具潜力项目组建设多学科高水平科学化复合教学团队——由横向专业领域和纵向体育项目组成,涉及体能、医疗、康复、技术统计和分析、心理咨询、管理等多学科人才,为竞技体育教学团队及平台建设提供人才保障。

依靠先进科技，提升团队的科学化、智能化水平，以提升竞技体育教学团队的科技服务质量；大量奥运成功的事例都已证明，科学研究是运动成绩快速提升的强大引擎。如何将高校科技有效运用到竞技体育中，是科技助力竞技体育面临的现实困境，懂得如何实施科技操作的相关人员是教学团队中必不可少的重要环节。随着体育事业和科技的迅猛发展，竞技体育对体育人才提出了更高更全面的要求，充分凸显出科技发展过程必然形成对人才培养的强大驱动力。为此，高校也应做出相应改变，为更好地发挥科技助力作用，转变人才培养模式，通过课程体系的建设，促进高校相关专业学生更好掌握体育科技设备和相关操作系统的应用，为竞技体育教学团队及平台建设提供人才保障。

优化团队结构，完善团队运行机制，提升竞技体育教学团队保障服务的“精细化”管理水平，最大化有限资源的使用率，并将竞技运动项目进行分类保障，对于一些重点项目和运动员，从教学、训练、康复、心理、营养、医疗等多方面维度实施精准服务，通过打造更有效、更个性化的教学方式，优先保障优势项目和最具潜力项目的发展。

3. 智慧体育科技平台创新

深入研究体育全产业链条，打造现代化体育产业科技支撑体系。一方面，通过智能体育、体育用品制造的科技创新，不断提高体育产业的科技含量；另一方面，加快推动互联网、大数据、人工智能与体育实体经济深度融合，不断丰富体育产业的科技元素。

推进“体育+”融合态势研究。未来十年，体育产业将插上“互联网+”“AI+”的翅膀，大力发展“体育+”，培育体育新业态，搭载物联网技术发展的快车，融大数据、云计算及物联网技术于一体，以竞技体育、全民健身、体育产业等为基本架构，整合教育、医疗、旅游、文化等“体育+”资源，构建一种全新、高级的体育生态系统。

加速智慧体育在体育产业发展的引擎作用研究与设计，“智慧体育”是未来体育信息化发展的战略需求。物联网技术的发展为“智慧体育”战略提供了新一代信息基础设施。已出现的某些“智慧城市”的应用案例,如“智慧交通”领域的“自动收费”,“智慧医疗”领域的“个人保健”“医疗监护”等。这些都为实现“智慧体育”积累了经验和技术。如“群体通”,是集广州全市公共体育场馆、全民体质监测、体育培训、体育赛事活动、体育组织和体育爱好者互动等信息功能于一身的综合信息平台。

4. 高校大型仪器设备共享管理平台的建设与实践

随着体育学科愈来愈趋向科学化和精细化,单方力量早已不能满足体育科研的需求,构建校间体育科技合作平台是解决该问题的有效措施。建设体育科技合作平台体系涉及多学校、各院系,社会企业之间的协同配合,采集多方面信息数据,进行不同板块的协调,是一项高难度且复杂的工作。为此,高校和企业之间应成立大型精密仪器设备管理机构(以下称专职管理机构),专职负责体育科技合作平台的大型精密仪器设备管理工作和共享平台体系的建设。管理机构应按照学校和企业的发展目标,并围绕科技,聚焦奥运,根据学校的学科建设、企业发展建设与国家目标三线合一,统一进行仪器设备购置,对现有仪器设备使用情况、功能开发以及维修、报废进行完整统计,实行终生统一管理。改变学校间、学科间、社会企业各部分的条块分割状况,打破人为构成的界限。在此基础上建立大型精密仪器设备共享管理机制,并运用网络技术建成一个面向国内外开放的大型精密仪器设备共享信息网络系统。

建立体育科技共享平台应分以下几个步骤:

(1)调查合作单位现有仪器设备资源分布和利用情况

仪器设备管理机构首先对合作方全部仪器设备资源进行完整筛查和统计,统计内容包括仪器分布情况、使用情况、学科方向、性能指标、运行情况和故障数量以及对外服务情况、规章制度是否完善等。三方共同制定一个入网标准,确定可以参与共享的仪器设备。

(2)建立大型精密仪器设备共享运行管理机制

为保证共享平台有序稳定地运行,需建立一个科学合理完善的共享运行管理机制。此方面笔者认为可借鉴和引进国外科技基础条件管理方面成熟的制度及标准规范，制订一套能够保证共享平台正常运行的管理体系。

第一，建立大型精密仪器设备开放基金管理实施办法。要保证共享平台正常运行需要开放基金作为维持经费。开放基金的组成可以是多方面的，一部分可以在购置仪器设备时，以购置费用的额度值从该建设项目经费中支出或者由学校企业配额拨给；另一部分可以从收取的服务费中提取一部分。所以，要制订大型精密仪器设备开放基金管理制度，使得开放基金专款专用，由仪器设备管理办公室对该款项的使用进行审批，财务处统一核算，严格开放基金的管理。

第二，建立大型精密仪器设备使用效益评价及奖惩办法。根据仪器设备使用机时、对外开放程度、利用该设备培养科研技术人员的数量和程度、利用该设备取得的科研成果或发表的论文、对该仪器设备功能的利用和开发程度等进行使用效率评价。高校大型仪器设备使用效率的评价工作已经成为高校研究管理的热点问题，很多研究人员摸索了不同的使用效率评价方法，如天津大学的几位教师研制了一种借鉴超效率 DEA(Explorqtory Data Analysis)数据包络分析方法，对天津市拥有大型仪器设备的 9 所高校仪器效益的评估，制订使用效评价办法，每年对共享体系中的仪器设备进行逐一考核，提供了共享仪器设备使用效率的新思路。确定使用效益评估方法后，应制订出相应的激励和奖惩措施，根据使用效益的高低进行奖励和惩罚，提高仪器设备管理人员的积极性。

第三，建立大型精密仪器设备开放服务收费标准。在完成本校的科研任务使用仪器设备进行分析测试时不收费，对合作单位的服务制订合理的折扣收费标准，对其他单位的服务，则要收取人工费、运行机时费和耗材费等，在收费标准上要做到明码标价，价格上做到公正、合理，所收费用要进入学校财务。

第四，建立大型精密仪器设备维护、维修管理办法。有些大型精密仪器设备购进后，没有相应的维护运行费进行日常维护保养，造成设备不能正常运行而闲置；有些由于满负荷或超负荷运行，加速了老化，缩短了生命周期等。所以，要制订一个维护、维修管理办法以保证大型精密仪器设备正常运行。

(3)运用网络技术建立大型仪器设备与资源共享系统

网络是一切复杂工作简易化、智慧化的基础，要想成功建设体育科技合作共享平台,就必须以网络技术为基础,围绕科技攻关来实施。建设专职管理机构内部网络系统,共享系统的建立依托该网,并将所有共享仪器设备的信息公布在网上,包括仪器分布情况、使用情况、技术信息、学科方向、性能指标、运行情况应用范围、当前状态等,形成全社会的信息共享资源。运用科学网络管理系统实现对共享仪器设备的网上动态管理,如网上在线信息查询、网上预约,网上使用批准等。可以运用利用网站后台管理系统建设网络平台的软件,就是在制作前台信息发布网页的同时,建立一套用户界面友好的后台管理维护系统,便于系统管理人员掌握和操作,通过在后台对信息的及时更新,实时地进行前台动态网站信息的联动,从而实现共享平台仪器设备信息化、网络化的动态管理。

本章附录1 调查问卷

尊敬的专家:

您好! 我是天津体育学院硕士研究生某某某。我的实验报告主要针对体育科研团队的"有效性"展开研究,恳请您在百忙之中抽出时间帮我填写这份问卷,您的真实想法对我的研究将有莫大的帮助,我保证对您所提供的信息保密并只作学术研究之用。如有需要,我可以在研究结束之后将分析结果反馈给您。衷心感谢您的帮助!

体育科研团队是指由少数技能互补的愿意为共同的目的、业绩目标和工作方法而相互承担责任的个体组成的具有体育科学技术研究与开发功能的不断演化发展的群体。

团队有效性是指在团队运作过程中各种因素交互作用下的实际结果,它可以从以下三个维度进行测量:

1. 绩效(成果的数量、质量、时效性);2. 团队生命力;3. 成员态度。

第一部分:背景资料(请您在横线处填写,在合适选项前的方格内打"√")

1. 您的性别:□男　　□女

2. 您的年龄：

3. 您的教育程度：□博士研究生　　□硕士研究生　　□本科（□大学）

4. 您的职称：□正高级　　□副高级　　□中级　　□初级

5. 您所在的单位

第二部分：请您根据您参加过的体育科研团队的基本情况以及您对体育科研团队的认知，在合适选项前的方格内划“√”，（除非特殊说明，否则都为单项选择）

1. 您是否团队的领导？

□是　　□否

2. 您所在的团队类型是：

□项目团队（围绕科研项目成立，项目完成即解散）

□工作团队（团队成员合作周期较长）

3. 您所在团队的科研范畴属于：

□自然科学　　□哲学社会科学

4. 您所参加的体育科研团队的成员人数是多少？

__________人

5. 您参加的体育科研团队是否有其他学科（非体育学科）的专家参加？

□是　　□否

6. 您参加的体育科研团队是否有其他单位的专家参加？

□是　　□否

7. 您认为组建跨学科体育科研团队的主要障碍是：

□沟通问题，没有共同语言　　□各学科的人员相互不熟悉

□没有合理的薪酬机制　　□缺少体制保障

□传统组织机构的壁垒　　□其他__________

8. 您认为采用哪种沟通方式对体育科研团队最有效？

□正式会议　□在线讨论　□集体聚会　□电话　□电子邮件　□短信

9. 您认为选拔体育科研团队成员的应主要考虑哪些因素？（多项选择）

□专业知识、技能　　□人际交往能力　　□人格特点　　□创新能力

□与他人合作的喜好程度　　□其他__________

10. 您认为对体育科研团队领导来说最重要的能力有哪些？（多项选择）

□专业知识、技能　　□组织、管理能力　　□变革、创新能力

□人格魅力　　□人才培养能力　　□其他__________

11. 您认为哪种激励因素对体育科研团队最重要？

□经济性报酬　　□声誉、地位　　□各种能力的提高

□知识产权　　□成就感、自我实现　　□权力

第三部分：请您根据参加过的体育科研团队的实际情况对以下题项做出数字填写（从 1 到 5 分别代表非常不同意、不同意、不确定、同意、非常同意）

问卷内容
团队领导具有战略眼光，时常能准确预测学术动向
团队领导能及时意识到团队外界环境变化，处理好与外界的关系
团队领导能找出影响效率的问题并积极采取行动取消
团队领导提倡学术平等、自由争论的学术气氛
团队领导能根据各成员的不同特点为团队成员创造学术发展机会
团队领导时常提出创新性的研究与分析方法
团队成员善于寻求解决问题的新主意与新方法
团队成员的专业知识能够满足科研任务的需要
团队成员能很好地处理人际关系
宁愿作为团队的一员工作而不愿独自工作
每一个团队成员的角色都十分明确，并为所有的成员所接受
团队的预定目的是有价值的
团队的预定目的值得我们去努力奋斗
团队目标是切实可行的
团队目标具有挑战性，能够激起我们的工作动力
团队目标具体清晰，能够将具体责任分配到每个团队成员
团队目标由整个团队共同参与设置
团队成员拥有良好的人格特点
团队领导风格鲜明，有领袖魅力

本章附录2　访谈提纲

1. 您认为影响体育科研团队效率的因素有哪些?

2. 您认为应如何完善体育科研团队的管理机制?

3. 请您谈谈科研管理部门是如何对课题进行监控的?

4. 您认为选拔体育科研团队成员应主要考虑哪些因素?

5. 您认为参加体育科研团队的契合点在哪里?

6. 您认为参加体育科研团队的主要障碍是什么?

7. 您认为应如何确定成果署名顺序?

8. 您如何看待成果挂名现象?

第三章　运动训练一流专业课程思政体系建设研究

运动训练专业是体育院校传统的专业，结合国家体育强国、健康中国的发展战略要求，以及学生未来发展需要。在天津体育学院运动训练专业培养目标、培养要求的框架下，建立运动训练一流专业课程思政体系建设。

运动训练一流专业课程思政体系的建立离不开具体的课程，而运动训练专业课程建设又以培养目标、培养要求作为总前提。

根据教育部2020年7月印发的《高等学校课程思政建设指导纲要》的指示精神，结合体育院校育人特点以及天津体育学院运动训练学院在部分课程思政建设中已取得的理论与实践经验，要对一流运动训练专业课程思政进行系统化、全面性、基础性体系建设。从课程体系、教材体系、师资队伍体系、学院责任体系、政策保障的建设方面形成完整的、一流的运动训练专业课程思政体系。贯彻《高等学校课程思政建设指导纲要》精神，形成系统化、集成化、协同化的课程思政体系建设。

一、课程体系的基础性建设

（一）课程思政体系建设基础

运动训练专业课程大致可以分为学科和术科课程。学科课程目前主要以理论学习为主，术科课程以体育教学和运动训练实践为主。

课程思政体系建设，紧紧围绕天津体育学院运动训练学院人才培养目标，以运动训练专项教学训练为核心，以科技服务、科技攻关、科技保障为抓手，培养学生专项竞技能力的同时,不断提高其科学化训练水平。竞技能力水平的提高,为学生展现其竞技水平提供了条件,不同的竞赛平台又促进学生进行专项科学化训练的积极性和主动性。

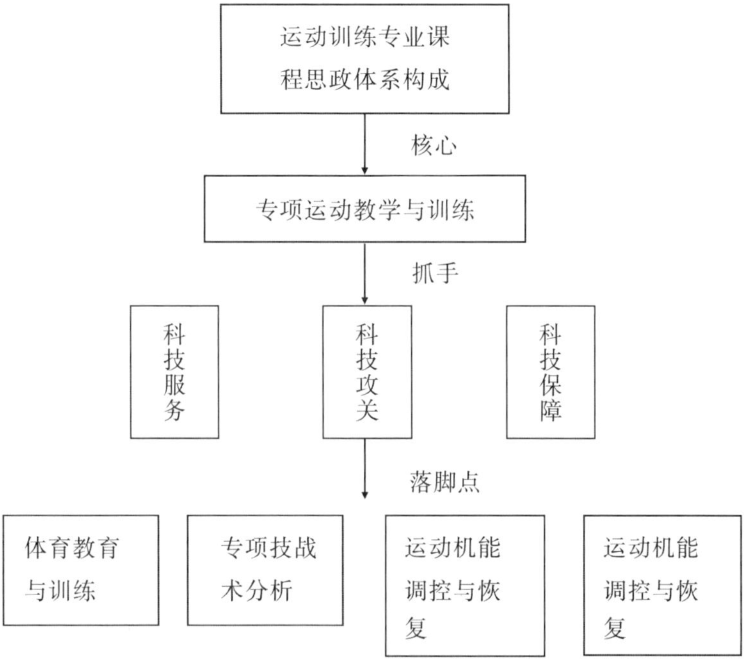

图 3－1　运动训练专业课程思政体系构成

运动训练专业课程体系是运动训练专业课程思政体系建立的基础,因此,抓住专业课程体系的核心课程思政建设,就搭建起课程思政建设的框架平台。为运动训练专业课程思政体系建设奠定了基础。

(二)课程思政建设的具体措施

课程思政建设具体措施,首先,根据立德树人的根本任务,修订课程大纲、进度、教案,要做好授课内容的完善工作。

经过学校课程思政两次建设,运动训练专业主干课程基本完成课程思政教学大纲、进度及教案的修订工作,为以后培养方案的修订及课程改革奠定了基础。

课程思政建设是对课程建设的深入和延伸，是对课程内容中自然科学、社会科学、人文元素的思政资源的勘探、采掘、冶炼、加工过程。基于体育院校运动训练专业以及体育类院校的办学特点，突出人才培养的特色，挖掘与教材有关的历史资源；结合当代学生身心特点和成长规律，设计课程思政教学内容的思政元素，设计程序、选择方法，制定评定标准。使课程建设立足于育人本位，更好地服务于学生的全面发展。

目前，课程思政的专业教材还是以专业知识为主要内容体系，以后的课程思政专业教材，需把思政元素要做到“基因式”融入教材中。这将是课程思政后续建设的重点。现在可以将工作重心放在凝练遴选课程教材的思政元素，挖掘并凸显其价值引领功能，构建深度融合的知识体系，优化课程设置、完善教学设计、整合课程思政课程体系等方面多下功夫。

（三）课程思政教师队伍及责任体系化建设

主要体现在过硬的课程思政教师队伍建设以及以学校教务处思政专家为引领的运动训练专业责任体系建设。

突出核心学、术科课程的建设的同时，注意课程思政教师队伍建设，并辐射所有的学术科课程思政教育教学建设。

运动训练专业教师课程思政培训培养、强化日常教学课程思政训练、发挥名师课程思政引航作用、拓展校外课程思政教师资源。

以学校教务处思政专家及运动训练专业理论教师为引领的运动训练专业责任体系建设，建设的主要方面即落实和贯彻党的教育方针、完成立德树人根本任务、从推进国家治理体系和治理能力现代化、提升人才培养质量的高度来认识和把握课程思政的重要意义。

（四）建立校院两级的政策和制度体系

学校通过教务处成立课程思政专家组，指导天津体育学院运动训练学院运动训练专业建设。学院以课程思政建设为抓手,通过学校教务处组织的课程思政训练营等组织形式,培训、指导教师进行学、术科课程思政教学。形成有部门分管、有组织运行、有分管部门具体落实,上下联动、相互协作、任务明确的课程思政运行机制体系。

在课程思政的后续建设中,进一步完善课程思政激励机制,突出对课程思政的教学激励,加大支持力度。建立课程思政常态化建设机制。

建立健全一流课程思政评价体系,将课程思政纳入教师评价体系,把教师参与课程思政建设情况和教学效果作为教师考核评价、岗位聘用、评优奖励、选拔培训的重要依据。

二、课程思政体系建设的总体框架

(一)多维度的课程思政体系

建立课程思政体系,考虑以下几个方面的维度,即人才培养目标维度、学、术科主干课程维度、专项运动训练及竞赛维度;需要多方面能力培养,自然科学的知识与实践、社会科学知识和实践、人文科学与实践。

1. 人才培养目标维度体系

不同的课程目标不同,课程思政育人特点不同;运动训练专业根据社会需求,进行“订单式”培养。所以,人才培养目标特征也不相同。抓好课程思政建设人才培养的两个维度,根据社会对人才的需求不同,根据课程目标不同进行人才的培养。

我国现阶段及很长一段时间将处在社会主义初级阶段,在社会发展过程中,如何根据社会对体育人才的需要,既考虑人才培养的规律,也同时注意社会主义初级阶段对专业人才的需要。因此,“订单式”培养方式可以借鉴。这不但可以有效地解决社会主义市场经济对体育人才的急迫需求,同时也能解决社会主义计划经济对人才培养计划与社会主义市场经济对体育实用人才需求之间存在现实矛盾的问题。新时代人才培养既要考虑人才培养的规格，也要考虑社会需求，更要考虑人才培养与党和国家要求、人民和社会的要求相一致，我们培养的学生要经得起党和国家的考验，要经得起人民和社会的检验，这既是我们培养学生的出发点也是落脚点。

2. 学术科主干课程维度体系

运动训练专业，离不开学、术科。术科是各个运动训练专项，学科则是围绕着技术课程的科学化训练建立起来的学科知识和科学知识。

学生在专项运动教学训练中，不但肩负着继续提高竞技能力的硬性要求，还需要在不断进取和学习和训练中，充分体会专项体育运动给人体带来的深层次精神品质和情感品质。这些品质在学生基础训练阶段和专项提高阶段初期的专项运动训练是体会不充分的，这是竞技能力对人的精神品质和情感品质的影响只有在训练到一定程度才能够充分体现出来。因此，大学期间专项运动教学与训练对学生身心的影响应该是与前期训练阶段不同的，也从课程思政角度证明，专项运动训练在学生进入高校后不应该减弱而应该加强的原因之一。

围绕专项课程展开的体育自然科学知识、社会科学知识以及人文科学知识，这些只有在学生实践中有了感性的实践经验，有了理性的思考后，才会对围绕专项运动教学与训练的各学科知识有了想学习、想探索的想法。进而才会对体育相关的科学知识学习感兴趣。

因此，以专项运动教学与训练为基础，建立起来的体育学科知识和科学知识，是使学生能够成为全面发展和全能型运动训练专业人才的保障。也是运动训练专业培养专业人才的初衷。

3. 专项运动训练及竞赛维度体系

运动专项教学训练的主要目的其实是围绕竞技能力水平提高而给学生提供的竞赛平台，这一平台学生不单纯是竞技比赛的运动员，也可根据不同竞赛平台的需要，学生可以担任教练员、科研教练员、裁判员、赛事的组织者和管理人员、赛事服务人员等，围绕赛事平台，学生们实现胜任运动训练教学和训练、竞赛的各方面工作。而这些实践又会反哺教学和训练，为学生成为更好竞技体育人才服务。

（二）多学科知识的课程思政体系

运动训练专业人才培养目标要培养围绕运动员选材、运动训练、运动竞赛、运动竞赛管理等各方面竞技体育人才。根据社会对竞技体育人才的需求，以及学校、学院师资的具体情况，细化人才培养的方向和规格。在人才培养不同方向上，再进一步细化核心课程及课程组成。在运动训练专业大方向的引领下，根据学生的自主选择，会有不同的能力培养方向，学生在具有专项训练理论与实践同时，也具备了服务社会、服务竞技体育的能力和水平。

因此，培养学生的课程体系变得多元化，而对于方向明确的“订单式”培养又具有一定的系统化。课程思政建设按照培养方向和学生服务社会、服务竞技体育的要求又具有课程体系全面化和课程思政扩大化的特点。

围绕培养方向建立起来的课程体系，抓住核心课程思政建设，并辐射整个课程体系。形成系统的多学科知识的课程思政体系。

三、课程思政体系在人才培养中的作用

（一）强化了政治引领

学校教育是有目的、有系统、有组织的，有计划地以影响受教育者的身心发展为直接目标并最终使受教育者的身心发展达到预定目的的社会活动。学校教育的具体活动受到社会需求影响，必须符合社会发展趋势，承担着对社会输送人才的职能。学校唯一的使命是培养人，其他任务都是围绕着培养人来实现的。

(二)落实立德树人的根本任务

从“专业成才”到“精神成人”,各级各类教育积极探索“人生大课”。挖掘专业课教学中的德育内容与素材,探索专业课教学隐性与显性德育功能相结合的教学方法。

(三)实现教学训练目标与学生培养目标的统一

运动训练专业培养目标:培养适应新时代中国特色社会主义竞技体育发展的实际需要,具备较强的运动技术、技能及实践能力、具有良好的科学文化素养,掌握运动训练相关的理论基础,能够从事体育相关工作的体育人才。

例如,天津体育学院课程思政教学研究中心课题《“提升竞技体育综合实力,增强为国争光能力”战略任务的课程思政教学研究》中,第一次把两者关系提出来。并在研究中,学术科课程思政建设确实使运动训练专项学生的在校期间的教学训练水平大幅度提升,同时也改善了其竞技能力及竞技水平。使2020级一名游泳专业学生顺利入选我国第14届全运会女子铁人三项比赛资格。另外,一名2020级田径高水平运动员入选奥运会跳远参赛资格。

学术科课程思政系统化建设中,取得了单纯教学训练起不到的作用,也使得教师在课堂教学训练中有了信念引领,学生在学习过程中,有了多重目标的引领,使得教学训练目标与学生培养目标更为一致。

四、课程思政建设实施情况

(一)两年课程思政申报课程立项及建设情况

在天津体育学院课程思政建设的总体要求下,近两年天津体育学院运动训练学院,围绕运动训练专业共申请课程思政优质课建设立项17项。第一批课程思政建设,2019 年《运动训练学》《跆拳道》《足球》《篮球》立项,经过一年的课程思政的建设,2020 年结项中,两项评为一等奖,一项评为二等奖。2020 年,第二批课程思政建设中,共有 17 项立项。每门课程思政建设都很有特点,突出运动训练专项及科技服务等方面考虑,本次 5 门课程在学校获奖,田径、体能训练、柔道、篮球、竞技参赛学,见表 3－1 所列。

表 3－1　第二届课程思政优质课程建设项目

课程名称	负责人	课程性质	申报类别
游泳	严红	专业课	专业课
竞技参赛学	谢云	专业基础课	专业课
运动训练管理学	徐莉	专业课	专业课
体育科研方法	曲鲁平	专业基础课	专业课
游泳救生	刘强	专业基础课	专业课
田径专项理论与实践	张厚喜	专业课	专业课
体育拓展	郝建华	公共必修课	综合素养课
篮球专项理论与实践	张小刚	专业课	专业课
排球专项理论与实践	张永奎	专业课	专业课
Spss 和 Excel 软件使用	刘超	专业课	专业课
体能诊断与评估	连志强	专业基础课	专业课
柔道	孙庆国	专业课	专业课
网球	焦暘	专业课	专业课
体能训练	吴鹏	专业基础课	专业课
公体课(游泳)	陆杨	专业课	专业课
运动心理调控方法	胡咏梅	专业课	专业课
运动员营养补充策略	周萱	专业基础课	综合素养课

(二)术科课程思政建设特点

专业技术类课程,注重学生竞技水平提高的同时,加强学生对竞技体育内涵的教育,专项教学训练课的主要目的,由以前单一目标——提高自身竞技能力水平,转变为多方面目标,即提高自身竞技能力和水平,提高自身自我训练能力和水平,提高对竞技体育、专项运动训练的深层次的认知,感悟专项运动项目对人多方面的感染和影响,体悟优秀专项教练员热爱体育、竞技体育、专项教学和训练内在的原因。

专项教学训练是以专项运动过程中实现育人目的,由于项目不同,因此,各专项在育人方面有不同的体现。例如,球类项目突出“精益求精,勇攀高峰”,民族传统体育项目突出“敢于拼搏,坚忍不拔”,田径运动项目突出“不畏艰难,超越自我”;科技服务突出“服务至上,奉献精神”,科技攻关突出“开拓创新,科学精神”,科技保障突出“团队意识,合作精神”的意志品质。

专项竞技比赛,则是在竞技比赛过程中,实现育人目的。因项目特点不同,达到的育人的侧重点也不同。球类项目突出“团队意识、合作精神”,民族传统体育项目突出“知己知彼,敢于拼搏”,田径运动项目突出“相信自我,超越自我”。

在教学、训练、竞赛等各个环节都能实现育人的目的,使学生在整个专业系统学习过程中,受到全方位培育。

(三)学科课程思政建设特点

结合运动训练专业人才培养特点,学科教育结合为竞技体育实践的科技服务、科技攻关、科技保障人才培养的落脚点。学科课程思政的建设特点主要体现在以下几个方面:

本着从实践中来到实践中去的原则,理论学科服务运动训练实践,首先,从学科角度来看,运动训练专业和理论学科都以运动训练专项为服务载体,研究适应于各个专项的运动训练理论、运动心理学、运动生物力学、运动康复学、运动医学、运动生物化学等一些传统的基础科学。我们在课程思政建设中，遵循原课程逻辑体系、系统结构进行建设。当然，随着社会需求的变化，有些课程也会相应地发生变化，即衍生出的新的课程，在学生实践能力的培养方面也起着无法替代的作用。例如，技战术分析与实战应用、运动康复评估与治疗技术、运动员营养补充策略、运动监控与恢复手段。把这些课程作为运动训练科学来建设则更确切。课程思政建设中，我们遵循科技服务、科技攻关、科技保障的科学性原则进行课程思政的培育，使学生在社会服务中得到多方面提高和成绩。

（四）运动训练专业课程思政建设成效

课程思政建设自2019年学校第一次课程思政课题立项以来，已经有21门课程正式立项，并顺利结题。

图3-2　第一届训练营开营仪式

1. 课程思政建设的初级阶段

第一批建设中，教研室主任带头进行课程思政立项及建设，课程思政建设经过思政专家的不断指导和帮助，逐渐理清了课程思政建设思路。由1门课程建设的经验，逐渐辐射到整个天津体育学院运动训练学院所有课程思政建设。建立了学、术科课程思政建设网络体系，根据每门课程特点，以及不同的授课时间节点，加入具有课程特点、学生学识、年龄特点的思政元素，以及与其他知识的融合。从而构建起围绕1门课程为核心的，联系其他学科科学知识的强大知识网络以及系统的思政元素。如图3－2、图3－3所示：

图3－3　第一批课程思政建设中，学院领导和思政专家对教研室主任进行课程思政指导

2. 课程思政建设深化阶段

在第二批课程思政建设中，学院教师不断听取思政专家的意见和建议，接受学校课程思政专家的指导。在奥运会年，专项教学训练课以及科技服务、科技保障的教师课程思政建设，成为运训专业课程思政建设的亮点。也体现在育人方面特点突出，展现了竞技体育的魅力等方面。如图3－4、图3－5所示：

图3－4　第二批课程思政立项后，课程思政专家与立项教师进行交流

图 3－5　运训学院第二批课程思政获奖教师进行结题汇报

本次推出了 5 门课程，都是天津体育学院运动训练学院具有代表性的课程，其中 3 门术科课程各有特色。

田径是体能类运动项目的代表，学院田径课程思政建设中，充分发挥学院田径教师在专项中的优势，走、跑、跳、投各种专项技术和竞技水平都在全国竞技体育界的前列。同时，在高校田径教学、专项训练也是名列前茅。教师们结合教育训练特点、竞技水平提高规律不断修改教学大纲、教学进度、教学计划。规范教学组织，科学安排教学内容和负荷。使学生在专项教学训练中，专项竞技能力、竞技水平都有显著提高的同时，项目给人带来的教育意义也得到最大限度的延伸。教师对田径运动项目的热爱、对田径运动项目竞技水平的追求、对人性弱点挑战、不断超越自我等，这些都在教学训练中，得到最大限度地挖掘。

田径课程思政建设也取得了阶段性的成果，目前奥运科研攻关课题一项，在 2021 年 6 月 11 日—13 日，全国田径冠军赛暨奥运会选拔赛在浙江上虞举行，来自全国 28 个省市的 570 名运动员参加比拼。我校 2020 级运动训练专业本科生，男子跳远运动员高兴龙，以 8.13 米的成绩获得跳远项目亚军，锁定东京奥运会参赛资格。

由天津体育学院运动训练学院田径教师及心理教师组成国家田径队东京奥运会科技助力科研组，对高兴龙的训练进行科研监控、技术诊断，圆满完成前期科研攻关工作，得到国家体育总局田径运动管理中心和中国田径协会的充分肯定。如图 3－6 所示：

图3-6 田径专项理论育实践课程思政教师进行建设汇报

篮球课程思政建设把握住学生学习和成长规律，将课程思政教学内容写入篮球课程教学文件，思政教学目标、任务列入篮球课程教学大纲中，体现在每节课的教案中。篮球课程思政经过一年的建设，对学生产生潜移默化的影响，有助于培养学生综合素质，引领大学生思想脉动、全面提升高校人才培养质量。实践证明，课程思政是新时代党和国家对育人工作提出的新要求，是非思政类的高等教育者的一项新使命，在传给学生专项技术、专项技能的同时，要肩负起培养学生正确人生观、世界观、价值观的职责。因此，在教学中以身立德、以德施教、以身作则、言传身教，将德育教育贯穿于教学的全过程，实现立德树人的根本任务。

篮球课程思政把握好思政内容与运动技术学习的契合点、平衡点和融合度，精准渗透、“嵌入”和有机融入。

提炼篮球课程思政的“思政元素”，将思政内容“具体化”，有利于在教学过程中精准渗透，合理融入，灵活应用。例如，爱国主义、集体荣誉感、敬业奉献精神、顽强拼搏、永不言弃、耐受挫折、团队合作、互相适应、遵守规则、公平竞赛、体育道德、诚信、篮球文化等。在篮球大纲中增加思政内容，在教学目标中都明确提出了“具体化”的思政要点和努力方向。在篮球教学策略中，“嵌入”思政元素。杜绝思政内容育课程“两张皮”的现象，教学过程自然、不死板、不生硬。如图3-7所示：

图 3－7　篮球专项训练课

体能训练课程思政建设,则体现出课程育人的同时,更多地体现出服务社会、服务竞技体育的特点。体能训练课程思政在教学中,贯彻立德树人的根本任务,形成相对完整的课程体系,依托天津体育学院体能实验室场地育设备,满足学生教学时间的需要。成绩评价越来越注重学生学习过程以及知识能力的运用。目前,体能训练已经在天津橄榄球队、天津手球队、天津蹦床队、天津艺术体操队下队进行服务。教学服务训练,从实践中来,到实践中去。体能训练课程思政,在课程建设中,把课程育人、服务的范围扩大,使学生在得到专项理论实践知识的同时,在实践中又得到了检验和验证。如图 3－8 所示:

图 3－8　体能训练课程思政建设教师进行课程建设汇报

术科课程思政要抓住项目自身育人特点，提炼在教学、训练、竞赛等不同环节的育人侧重点，可以形成自己专项特点的育人体系。而理论课程则要抓住学科特点，结合运动训练实践，本着服务实践、解决实践问题的教学理念，引导学生善于在实践中发现问题，善于在理论课中提出问题，与教师共同寻找解决问题的答案，并反馈实践，并在实践中证明。从而获得理性的升华，完成从感性到理性、从实践到理论的有机过渡。

3. 课程建设形成的自身的良性双循环

目前，有些学术科课程已经形成了自身的良性循环，术科课程教学、训练、竞赛能够形成较好的自我双循环，即对内的教学与训练，对外参加不同级别的比赛。以赛促学、以赛促练。例如，藤毽球、摔跤、田径、排球、篮球、网球、乒乓球，如图 3 - 9 至图 3 - 14 所示。我院藤毽球、中国式摔跤等项目运动队参加国际、全国比赛均取得优异成绩。学院多名教师在国家队、省市队任主教练。学院教师在国际国内重要赛事中担任技术官员、裁判长、裁判员等工作，如图 3 - 15、图 3 - 16 所示。

图 3 - 9　师生代表国家队参加第十届世界毽球锦标赛

图 3 - 10　藤毽球学生参加全国比赛斩获男女冠军

图 3 – 11　乒乓球专项学生参加全国比赛

图 3 – 12　乒乓球专项学生参加全国比赛

图 3 – 13　网球专项学生参加全国比赛

图 3 – 14　网球专项学生参加全国比赛

图 3 – 15　我院教师服务竞技体育赛事

图 3 – 16　学院教师服务职业联赛技术服务

体能训练课程则更让具有竞技体育服务性质，各运动专项的共同点就是体能，体能教学训练在专项体能服务方面做出自己的特色，如图3－17至图3－20所示。理论课程则更注重科技攻关、服务和保障。

图3－17　学院体能教师下队指导天津手球队

图3－18　学院体能教师下队指导天津艺术体操队

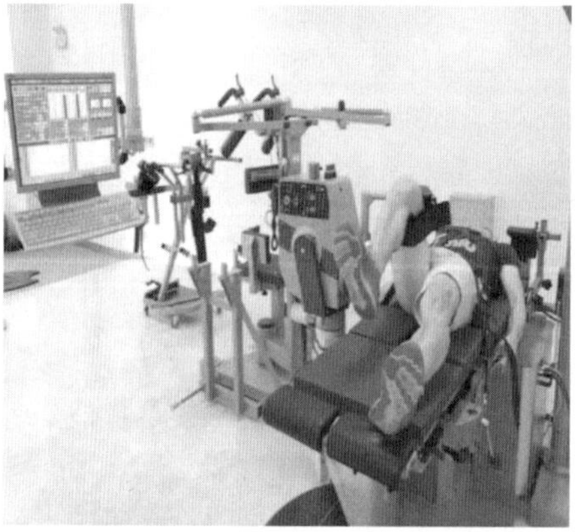

图3－19　学院体能教师科技服务天津橄榄球队

图3－20　学院体能教师服务天津蹦床队

在竞技体育科技服务保障方面，运动机能监测、运动营养、运动心理调控、技战术分析、体能训练等师生团队为中国、天津市在奥运会、全运会赛场都做出突出贡献，多次受到国家体育总局和天津市政府表彰及奖励。

学院鼓励师生竞技参赛及相关的社会服务，在训练、竞赛、科技服务和保障方面成绩突出。如图 3－21 至图 3－23 所示：

图 3－21 学院教师科技服务天津自行车队

图 3－22 足球科技服务团队服务 U18 国家女足集训队

图 3－23 科技助力竞技体育团队服务各级运动队

（五）运训学院课程思政成功案例

培养竞技体育相关的人才，一直是天津体育学院运动训练学院重新建院人才培养目标。辐射范围大，培养涉及的学科门类、课程相对较多。如何确定运动训练专业细化的培养目标，以及围绕细化培养目标建立系统的课程体系，则是运训学院人才培养的核心问题。

经过反复研究，最后确立与竞技体育、运动员培养最核心的几个方面工作，考虑天津体育学院运动训练学院的师资以及学生毕业后的就业需求，及时在一个运动训练专业方向上再细化出学生未来从事竞技体育更加专业和细化的学习方向。

这里面包含体育教学与训练方向，这一方向教师培养学生的重点放在专项教学和训练方向上，通过专项教学训练的延伸，使学生在提高专业素养的基础上，通过不断提高其竞技能力水平，感知专项运动带给其精神和身体的影响，同时围绕专项的教、学、训、练、竞、训等各个方面能力进行相应的培养。

运动训练专业与体教专业，在培养学生体育师资方面是有相似地方的。但又有不同，最大的不同就是运动训练专业学生对专项应有更高的要求，包括由此而带来的对体育、对人生更深的感悟。这种感悟不止停留在身体表面，更多的是专项教学、训练以及竞赛带给人深层次的感悟。运动训练专业学生在专项道路上已经拼搏了若干年，对专项的理解和感悟还没有达到最高境界，如果放弃，按运动训练适应理论实属可惜。因此，加强专项教学和训练的同时，也给学生在世界观、人生观、价值观等方面提出了更高的要求。随着教学训练向深层次的发展，对学生专项的要求也越来越高，教学、训练的难度也会越来越大，但越是如此，教师与学生感受到专项运动带来的乐趣将越来越多，对人的影响也会由表层向里层、深层发展。

体育运动、运动训练、运动竞赛带给人的体育精神是不同的，教师及学生在进行教学与训练过程中，也不断在寻求精神方面的突破口，寻找专项运动训练的精神支持。专项教学、训练要以竞技能力、竞技水平的进一步提高为主要表现形式，但这对专项教师及学生的教学及训练又提出了更高的要求。

通过课题组成员的努力，尤其是教师的努力，专项学生对专项运动教学与训练又有了新的认识。认真进行专项训练，学生得到的则不只是竞技能力、竞技水平的变化，而是体育功能的全部体现，体育运动对人身心的最深层次的影响。下面是运动训练专业 2020 级游泳学生石超冉在专项游泳教师陆杨、张厚喜及时鼓励和引导下，由游泳专项铁人三项，注册四川省体育局，代表我校和四川省成功入选参加第十四届全运会的资格认定。这是本课题组立项资助的第一位参加专项训练和比赛的学生运动员，也是课题组立项的初衷。

本课题所做的研究，为运动训练专业学术科系统课程思政建设，为学术科课程在理论与实践等多环节的融合打下良好的基础。同时，也为基层教研室探讨如何更好地培养出优秀的运动训练专业学生进行了初步的探讨。

（六）学术科课程思政体系建设总结

1. 运动技能课程思政建设

运动训练专业术科课程是进行运动训练专项课教学和训练的课程，运动训练专项学生通过教学和训练课，进一步对其竞技能力的各个方面进行磨砺，使其竞技能力水平在大学期间得到进一步改善。

按照专项训练的规律，体能类运动训练一般属于成人运动项目，这些项目出成绩的年龄一般都是成人，人在20—30岁之间是竞技能力的顶峰。而运动训练专业学生在大学本科期间正处在这一阶段。由于入学前，学生竞技能力已达到二级以上水平，学生已处在专项提高阶段的前期和中期，如果在学期间使其竞技能力水平进一步得到发展，必须要在专项教学训练方面更加严格和科学、更加符合专项训练的特点才能使学生竞技能力水平进一步提高。而此阶段竞技能力水平的提高，需要教师（教练员）及运动员要转变以往的观念，即大部分入大学的专项学生，专项运动成绩停滞不前或下降已成为不争的事实。

2018年天津体育学院进行课程思政建设以来，尤其在2019年第一届课程思政立项以来，学术科教师思想的转变，使得课题组的学术科教师达成共识。学生在校期间，通过专项教学和训练，是能够把学生的竞技能力水平提高到一定的高度。但是思想上的共识，仍然打消不了学生的顾虑，如何训练、通过训练能否提高成绩、比赛平台在哪等一系列的问题排在术科教师面前。

遵循高校学习训练的制度的前提下，学生竞技能力水平提高必须在原有教学训练课程的基础上，补充训练时间。上午9点钟正式上课，下午、晚上也会安排课程,这种情况下,术科教师只能利用充足的晨练时间以及学校周二、周四下午不排课的时间进行训练。如何动员学生,让学生能够主动自觉地利用自己的休息时间,跟教练员进行比以前训练更为艰难的专项运动训练?唯有课程思政带来的“课堂育人”这一法宝。教师利用自己专项训练的机会,从国家战略高度“体育强国,健康中国”角度、从个人感知竞技体育给人体带来的精神和身体的获得感角度、从个人未来发展角度等,在可能影响到学生思想的各个方面,各个环节,因势利导、晓之以理、动之以情。用自己对生活的感悟去感召学生,打动学生,使学生唤起最初走上竞技体育的初心和理想。有了理想的唤醒,下一步就需要教师按照竞技体育运动训练的规律进行忘我的运动训练。不是每位教师都具有专项训练的经历,也不是每位具有专项经历的教师都有自己的意愿在没有任何报酬的情况下,坚持自己热爱的运动训练。我们的术科教师,不为名利,不计较得失在训练学生进行竞技体育运动训练过程中,承受了从业余训练水平到专业、职业训练水平的过程,学生也经历了从高校学生到学生运动员的完美转换。

2020 级游泳专项学生石超冉就是这次课题团队训练的一名新生,由于入学时间不长,专项教师看到其训练水平,了解其竞技能力水平后,主动询问其进入学校的愿望和远景。同时,也不失时机地激励鼓励她,树立远大的理想和信念。告诫她,进入大学只是其有了向更高目标进军的机会,是万里长征走完的第一步,而不是重点。鼓励她继续扬起理想的风帆,向更高、更快、更强的目标进发。

学生在专项教练陆杨老师的启发下,主动自觉地放弃自己的休息时间,跟教练员进行改项训练——铁人三项。这个项目与之前她从事的专项有不同,其游泳没有问题,但长跑和自行车她需要加练。于是,专项的训练内容又加上了跑和自行车训练。长跑训练作为课题团队的田径教师张厚喜等教师付出很多,指导其进行正确的跑的训练。自行车则跟着陆杨老师进行相应技术的训练。

随着训练的不断深入,学生的训练水平稳步提高,训练能力的增强,对其训练环境和训练要求又提出新的要求。寒假期间，为了学生有更好的训练条件，教师利用自己的私人关系，为其联系了训练基地。经过寒假不间断的运动训练，学生的成绩稳步提高，专项训练水平已经达到专业水准。

在 2021 年 5 月 8 日进行的第十四届全国运动会铁人三项项目测试赛中，该学生成功获得第十四届全国运动会铁人三项项目的参赛资格。她的成功更坚定了教师训练的信心和决心，为以后的专项教学和训练奠定了很好的基础。如图 3－24、图 3－25 所示：

图 3－24　游泳专项教师及学员

图 3－25　游泳专项学生转向铁人三项后的自行车训练

2. 科学训练保障课程思政建设

专项运动训练要有科技作为保障，以使训练更为科学化。在科学训练过程中，我们对运动训练进行了最大摄氧量的测试，以及运动负荷测试。如图3－26 所示：

图 3－26　游泳专项学生进行最大摄氧量测定

为了给学生制订科学的训练计划，课题组专项教师，利用天津体育学院仪器设备，进行相应的实验研究，通过最大摄氧量的测试，把握运动员有氧训练的最大负荷强度，为其后进行有氧运动训练负荷量度的确定打下基础。

在训练中，对运动员的运动负荷实施监控，采用 POLO 表进行训练全程监控，适时把握运动员的运动负荷。训练后，采用精神压力分析仪把握学生身体的疲劳程度，利用体成分分析仪测试学生训练前后体成分的变化情况，利用冲击波和震动仪，对学生训练后进行相应的放松。

一部分是由专职的学校实验人员完成，一部分工作我们有课题组教师的部分研究生分担完成。如图 3 – 27、图 3 – 28、图 3 – 29 所示：

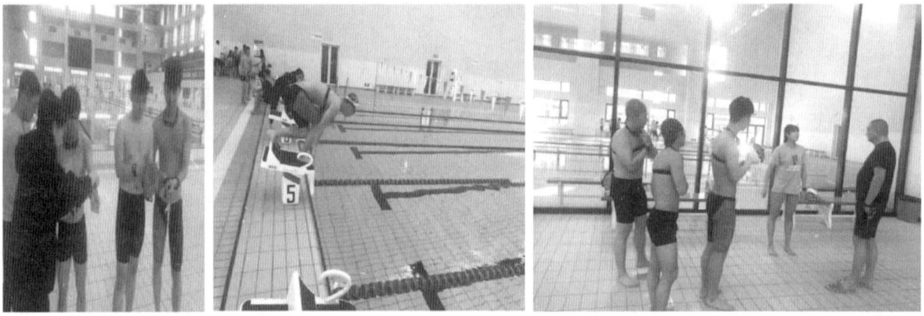

图 3 – 27　监控游泳训练中的负荷强度

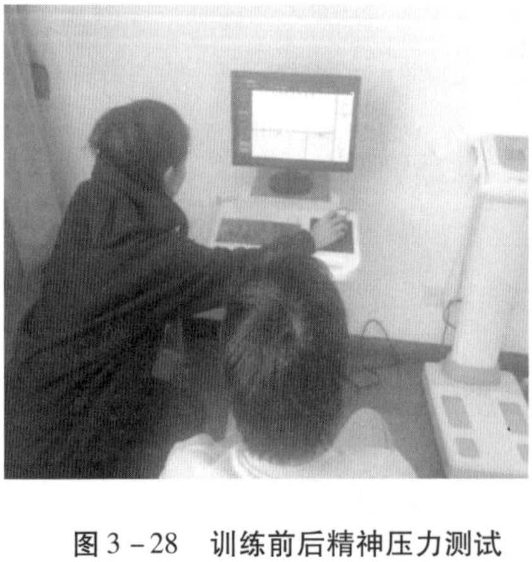

图 3 – 28　训练前后精神压力测试

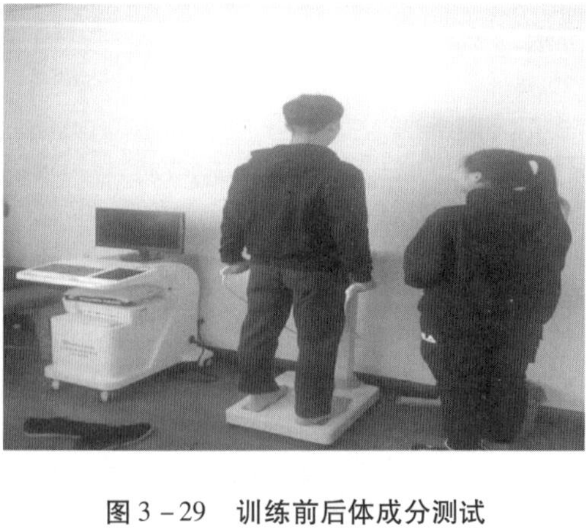

图 3 – 29　训练前后体成分测试

对学生的训练负荷的监控是每次训练都进行的一项常规性监测，此任务一般由研究生完成。通过实时运动训练负荷监测，能够使教练员准确把握运动训练负荷的大小，使其训练的负荷既能够满足学生对负荷的要求，又不至于由于负荷过大造成学生疲劳的过早出现。

通过运动训练的监控，学生训练积极性越来越高，学生认为训练不但有外部运动负荷的控制，还要根据内部负荷的反映情况监控外部负荷大小。因此，也促进学生科学化训练的兴趣和自信心。

科学监控，使训练能够沿着科学化的道路前行，同时也是学生对训练报以从心底的尊重。对自己未来的专业学习道路更加坚定。

3. 训练理论体系课程思政建设

从实践中来，到实践中去。运动训练理论来源于运动训练实践，又服务于运动训练实践。运动训练专业的学生重视实践课程轻视理论课程由来已久。究其原因还是没有找到训练理论的落脚点，换句话说，学生带着在实践中的问题去寻求理论的帮助，那么学生学习训练理论的热情应该非常高涨。

理论课程如何与实践结合，关键一点，需求两者内在的联系，这一联系就是以专项运动训练或竞赛的需求为目的训练规律的探讨。因此，可以激发起学生对理论学习的兴趣。马斯洛需求层次理论告诉我们，需要产生动机，学生对理论学科的疏远，来源于其对理论学科的不了解，不清楚它对运动训练能够在实践层面有什么作用，因此，觉得可学可不学，可以学好也可以懈怠。但经过本次课题的研究，学生对运动训练及科学监控产生了浓厚的兴趣，因此带动其理论学习的积极性和主动性。主动问问题的学生逐渐增多，学生对科学化运动训练的兴趣决定其对理论学习的欲望。尤其在其人生观、世界观、价值观建立的关键期，这一点非常重要。

在学术科课程思政建设过程中，教师由知识的传授者，变成传道授业解惑者，思想理念的传播者；课堂教学变成课堂教育，教师的思想意识也得到了洗礼。学生由被动学习，变为主动学习；由被动接受知识，变成主动学习知识；由对知识一知半解，到主动了解知识背后的学理。

（七）课程思政未来建设展望

1. 加强课程思政制度化建设

课程思政建设工作要落实到课程教学各方面，贯穿于人才培养各环节。着力健全课堂教学管理体系，推进现代信息技术在课程思政教学中的应用，综合运用第一课堂和第二课堂，努力拓展课程思政建设方法和途径。

探索提升专业教师的课程思政建设能力。开展专题培训，提升教师课程思政建设的主动性。将课程思政纳入教师岗前培训、在岗培训和师德师风、教学能力专题培训，建立课程思政集体教研制度。针对课程思政建设中的重点、难点、前瞻性问题，加强系统研究。

进一步探索运动训练专业培养目标，培养适应我国新时代竞技体育发展的实际需要，具备较强的运动技术、技能及实践能力、具有良好的科学文化素养，掌握运动训练相关的理论基础，能从事体育训练与教学、运动训练技战术分析、体能训练及恢复康复训练等工作的复合型人才。

在课程思政建设评价激励机制上，建立健全多维度的课程思政建设成效考核评价体系，将课程思政建设成效纳入一流专业建设监测与成效评价、学科评估、本科教学评估、一流课程建设、学院教学绩效考核等评价考核中。在教学成果奖、教材奖等各类成果的表彰奖励工作中，突出课程思政要求，加大对课程思政建设优秀成果的支持力度。提高自身竞技实力，增强社会服务意识，发挥体育育人功能。

2. 课程思政建设提升教学质量

课程思政建设虽是加强专业课程的育人功能，但实质上对教师专业知识、专业素养要求更高了。因为，思政元素可以表现在教学的各个环节，涉及教学内容、教学方法手段、教学环境、教学质量，在教学内容方面，既有教学内容的历史发展脉络中蕴含的育人元素，也有教学内容与相关学科知识元素之间的关系中的育人元素……这些都需要教师不断去挖掘，并能够把这些元素恰当合理的融入、嵌入到课程讲授过程中。这一过程，对教学知识的延伸、相关知识的引入、教学环节重视，以及适时地融入育人元素，无疑提升了教学质量。使学生对专业课的学习有了思想意识上保障，同时，也促进其专业知识学习的主动性。

3. 综合系统考虑课程思政建设

课程思政建设虽以每门课程建设为基础，但作为运动训练专业来讲，应该在课程思政建设中，做好顶层设计。

顶层设计要在以下几个维度上做好设计。其一，专业细化培养方向的课程组，组内核心课程及其他课程思政建设要明确。以点带面，带动这一方向所有课程的思政建设。其二，课程思政建设中，课程内部需要建设的内容要明确，包括思政要素系统建设等。其三，课程之间相互关系的建设，这一建设会涉及思政要素之间的联系。其四，在学院范围内，应该构连起全院课程思政育人图谱。

4. 抓好课程思政团队建设

天津体育学院运动训练专业 2019 年被评为国家级一流本科建设专业，围绕一流本科建设专业，运训学院在课程思政建设及一流本科课程建设中也取得不错的成绩。2020 年《柔道》（本科）、《体育拓展》（本科）、《运动训练学》（研究生课程）成为天津市课程思政示范课程；《排球》《网球》《游泳》《运动训练学》成为天津市一流本科建设项目；2021 年《体能训练》（本科）、《体育科研方法》（本科）、《体育运动拓展》（社会实践课程）成为天津市一流本科建设项目。

课程思政建设逐渐形成以点带面，以面带动整个专业多学科、多课程发展。教师认真研究课程内容之间的关系，研究课程内部系统与外部系统之间的关系、研究课程内容对学生全面立德树人的影响，研究课程与相关课程之间的联系等。

5. 做好课程思政评价机制的相关工作

在课程思政建设评价激励机制上，建立健全多维度的课程思政建设成效考核评价体系，将课程思政建设成效纳入一流专业建设监测与成效评价、学科评估、本科教学评估、一流课程建设、学院教学绩效考核等评价考核中。在教学成果奖、教材奖等各类成果的表彰奖励工作中，突出课程思政要求，加大对课程思政建设优秀成果的支持力度。

探索提升专业教师的课程思政建设能力。开展专题培训，提升教师课程思政建设的主动性。将课程思政纳入教师岗前培训、在岗培训和师德师风、教学能力专题培训，建立课程思政集体教研制度。针对课程思政建设中的重点、难点、前瞻性问题，加强系统研究。

第四章　运动训练科学化人才产教研融合协同育人的探索与实践

随着运动训练领域各方面逐步发展成熟，天津体育学院与相关工作室、运动队和其他高校建立了密切的合作关系，加快了运动训练科学化的步伐，形成了完善的育人渠道的建设。

面临体育强国战略下运动训练科学化发展的新形势和新问题，天津体育学院将着力打造一系列与学科建设相关领域的“嵌入式”合作模式，为丰富运动训练专业教学平台，系统地构建运动训练课程的产教研融合教学模式。学院在专业建设过程中，课程设置及教学内容的安排将通过由校内外专家组成的顾问委员会，征询相关领域的最新发展信息及趋势，形成资源共建模式。借助与企业、运动队的密切合作，对本专业学生进行岗位“嵌入式”培养，为实现学科相关领域间的优势互补，成果共享，成果转化形成协同育人合力。在培养运动训练专业型人才的基础上，将技能与理论、实际操作能力相结合，发展适应社会发展需要的高质量人才。鼓励教师队伍之间交流借鉴，组成团队，参与到课程授课、教学大纲及人才培养方案的制订等一系列教学环节中，从而提升本专业应用型人才培养质量。

一、文献综述

石磊在《对运动训练科学化影响因素及实践的研究》一文中，阐述了目前运动训练科学化已经发展成为运动训练实践活动中必不可少的引领力，他指出运动训练的教育过程同样也追求着科学化的发展方向，教练员需要提升自身的科学指导能力，运动员也应具备科学训练的意识，通过科学化进程逐步实现运动成绩的提升与突破。

在《我国运动训练学亟待科学化——青年体育学者共识》一文中，诸多专家学者们对运动训练学的未来发展建议中指出，在体育大国向体育强国迈进的新时代发展需求下，运动训练学这门理论学科抑或是专业课程设置将发挥着重要引领作用。“科学化”是我国运动训练领域未来发展的必经之路，需要在拓展学科国际视野、调整学科人才培养方式、完善学科研究范式、加强学科成果转化和强化学科价值应用等5个方面进行努力。

为实现运动训练科学化，本课题将通过产教研融合育人的发展思路为人才培养提供可行路径，在李金辉等人提供的《深化产教研融合，培养服务区域产业的“三实”人才》一文中，他们根据该专业特点，积极将人才培养与区域内行业企业对接，不断提升本专业人才科学研究能力与服务社会水平，为区域经济和社会发展做出了重要贡献。他们通过创新师生实践基地，实现学术研究、技术开发、成果转化的人才培养一体化，有效满足了区域经济和行业对该专业技术人才的需求。

在黄金华关于《校企产教研融合培养创新型人才的现状与对策》一文中提到校企合作是培养一线创新型人才的有效途径。通过产教研途径发挥各自资源优势，深度融合培养创新型人才，以使人才更适合企业发展的需要。同时，在产教研融合过程中，教师的教学科研实践能力也能够得到相应提升，为进一步培养高质量人才提供保障。

综上所述，在运动训练科学化进程中，为提高我院运动训练专业建设水平，应充分利用产教研的优势互补、成果转化效应，并通过本专业现有条件资源的建设保障，结合我院一流专业发展方向与人才培养标准，输出一批真正符合现阶段我国社会主义实际发展需求的高质量应用型体育人才。

石南皓在《关于提高运动训练科学化水平的思考》中指出，运动训练科学化的成果主要是通过运动员的训练水平表现出来的，但运动训练科学化的发展过程，不仅需要通过全面协同的训练团队得以发展完善，也需要通过系统科学的训练计划才能让科学化的实施更加合理。总而言之，运动训练科学化使得整个训练体系更加完善，在提高我国竞技体育运动成绩的显著效益下，运动训练学科的发展建设也随之迈向科学化进程。

二、研究对象

研究对象为天津体育学院运动训练专业的相关教师及各年级学生。通过了解学生对课程实施的满意度，掌握不同专项学生运动员的未来就业发展形势，切实关注学生对课程学习的适应性，从教师角度评价学科课程建设的优缺点，从而为我校运动训练专业课程改革提供可行依据。

三、研究方法

（一）问卷调查法

1. 问卷的设计

根据所要研究的目的和任务，并针对主要研究对象高校相关教师、学生草拟问卷，在广泛阅读相关文献资料以及反复对问卷内容进行筛选修改的基础上，借鉴相关专家意见，最终确定问卷调查对象为我院教练员、专业教师以及本专业学生，并在学生问卷调查中，将不同年级、不同专项等级以及不同职业发展方向区分开来，以便更具针对性地得出相关课题结论。

2. 问卷的价值意义

主要以天津体育学院运动训练专业的学生及相关教师为对象设计问卷，通过对本科各阶段学生的训练目标分类来划分，将问卷内容分为四大板块，即比赛成绩、技能提升、就业需求以及学科评价四大类。从学生角度评价运动训练课程的开设情况，并针对课程开展现状，明确课程的开设意义，从运动训练科学化角度找出我院运动训练学科建设的不足，结合本专业人才发展目标，分析课程改革路径，寻求与社会人才需求相适应的运动训练人才供应链。为使天津体育学院运动训练专业，在人才培养方面形成社会产业所需、教育水平提升及专业理论全面掌握的通识型人才，只有这样，在当今社会体育领域人才济济的激烈竞争下，才能够为天津体育学院运动训练专业人才扩宽发展渠道。

3. 问卷的效度检验

问卷围绕天津体育学院运动训练专业学生及相关教师为调查对象，内容的设计主要针对与本专业相关课程的开设、实施情况等诸多范围展开，目的是通过调查问卷的形式深入了解本专业目前的人才培养水平及课程建设水平，从学生的反馈与教师的评价中明确课程改革的方向，从而为提高本专业学科的发展水平提供重要现实依据。

问卷分为学生卷和教师卷两方面调查内容，学生问卷共 28 题，教师问卷共 20 题，其中包括单选题及多选题。问卷长度适中，内容明确简洁、通俗易懂。在导师的帮助下，与课题组内成员对问卷内容经过多次地完善、修改，最终形成本课题的正式问卷，为使问卷更加具备研究意义，在询问相关专家意见的基础上，并由他们对问卷进行评价，评价指标如下：

表 4－1　调查问卷的评价指标

分数等级	0－2 分	3－4 分	5－6 分	7－8 分	9－10 分
评分标准	问卷内容与课题不符，偏差较大。	问卷内容过于复杂或简洁，效度不高。	问卷基本切题，但不全面，无法完全将课题研究点结合起来。	问卷内容较为全面，能够真实反映出运动训练专业在该校的实施现状。	问卷内容非常全面，符合本课题的研究意图，具备良好的研究意义。

表 4－2　相关专家对调查问卷的分数评定

分数	0－2 分	3－4 分	5－6 分	7－8 分	9－10 分
人数					

通过表 4－2 的表格能够看出，相关学科专家对本课题的问卷设计认可度较高，可以作为正式的调查问卷进行实施与统计。本课题的访谈提纲也同样围绕相关方面的内容对专家学者展开调查，主要内容包括对本专业人才培养目

标、学科建设情况、课程实施现状及专业发展水平等几大方面进行访谈，使调查问卷内容更加微观、具体化地呈现，访谈结论也更具有参考价值。

（二）专家访谈法

为了更深入地了解我校运动训练专业发展现状，从学科建设思路及课程开设及实施的实际情况中，分析产教研融合模式在人才培养中的突破口，紧跟运动训练科学化发展步伐，为提升我校一流学科的建设水平寻求发展路径。

通过撰写访谈提纲，理顺课程改革的实际意义，并根据相关学者的改革建议，找准课程改革方向；规划课程改革路线；设计课程实施方案。

本研究选取了运动训练专业学科专家及相关学者共十余名进行走访，并针对课题要点问题从本专业发展前景、人才培养目标、课程开设情况等几个方面设计了访谈提纲，在广泛听取受访专家意见的基础上，进一步认清运动训练专业目前的发展现状，为深度研究提供了有效信息。

（三）个案研究法

本课题主要以天津体育学院为研究对象来进行课题的撰写，以本校运动训练专业学科建设的实际状况为研讨点，分析现阶段课程建设与人才培养的结合点，将运动训练科学化进程纳入一流学科的建设中，并依据目前社会对体育人才的需求情况，通过与我院各学科专家的深度交流，为我校运动训练专业发展寻得出口。

天津体育学院创办于 1958 年，其中运动训练专业是天津体育学院设立较早的体育类专业，从初创阶段到专业发展阶段（1995—2011），直至目前仍处于改革创新的持续发展期，历经二十多年的建设与发展，我院运动训练专业已形成了一支适应教学、科研、训练需要的高素质教师团队，并在专业建设、教学改革、科学研究以及体育竞赛等方面均取得显著成果。同时也为国家培养了大批各级各类体育专业人才。

2017 年 9 月，天津体育学院运动训练专业被获批为天津市普通高等学校的优势特色专业，这为本专业的建设与发展提供了更大的机遇和发展空间，也标志着天津体育学院运动训练专业进入了一个新的发展阶段，为加强一流学科的建设水平，本课题将根据目前本专业学科的建设情况，从产教研融合育人的思路出发，分析人才培养路径，并通过课题的逐步实施，探索一流学科的建设模式。

（四）文献资料法

通过查阅相关文献资料，了解国内外运动训练专业的发展情况，分析我院运动训练专业与其他一流专业人才培养目标的差距，通过借鉴其他优势专业学科的发展路径，设计与我校运动训练专业课程发展相契合的可行性操作方案。

（五）数理统计法

整理问卷调查结果，并通过对问卷结果进行一系列的信度效度检验，保证问卷的有效性回收。通过归纳本专业师生的具体情况及相关意见，分析课程改革的必要性及可行性，从而优化我校运动训练专业培养方案。

（六）逻辑分析法

通过总结、分析本专业学生、教师及相关人群对课程改革提出的可行意见，结合我校运动训练专业发展现状及条件优势，以社会现阶段发展需求为指引，分析本专业学科课程体系的不足，并设计出适用于我校一流学科专业发展的课程改革实施方案。

四、运动训练科学化的释义

（一）运动训练科学化的理论阐述

要想将运动训练科学化切实运用到运动训练实践中，首先应明确的是运动训练科学化的基本概念，这决定了运动训练实践者所要实施的具体路径以及所要到达的具体方向。田麦久等其他持同一看法的相关学者认为,运动训练科学化意味着人们在运动训练各方面已能够成功地应用科学的理论、方法以及先进的技术,并通过有效地控制运动训练的全过程,进而达到运动训练理想状态的一种动态发展过程。

通过对运动训练过程进行科学地控制并在运动训练各个构成系统内部形成科学化的操作体系为运动训练实现高度的科学化水平提供了坚实基础保障。田麦久、武福全、谈太钰在《运动训练科学化问题的综合研究》一文中将运动训练科学化的基本内涵解释为运用科学的理论、方法、技术手段对运动训练系统加以控制的全过程。

在运动训练科学化的发展道路上,相关产业链的引进成为必然。运动员对先进技术设备的使用,教练员对科学化训练条件的适应以及为争取优异运动成绩保驾护航的运动装备及后备医疗保障,都证实了科学化的环境体系已全方位地服务于现代运动训练过程之中。在科学化水平不断提高的运动训练体制内,就必然对运动训练主体提出更高要求,目前,我国各大体育院校在人才的培养中也提出了诸多培养理念以适应科学化的发展进程,但实际实施效果并没能真正实现科学化人才的发展目标。

(二)运动训练科学化的发展进程

运动训练科学化是包括科学化理论、科学化实践以及科学化技术水平的具有整体性的运动训练过程,在这一过程中,为实现科学化训练目标,首先要求相关人员应具备相对科学化的态度、理念,明确运动训练科学化是贯穿于始终的,这就必然使运动训练的科学化发展进程发生了内在的某种变化,这种内在变化发展到一定程度时,外在的科学化发展系统便随之显现在这一发展进程中。

在诸多内、外在推动因素共同作用于运动训练实践的运动训练实践过程中,教练员与运动员两大主体综合素质的提高,在很大限度上带动了运动训练水平实现科学化提升,随着竞技体育社会影响力的逐步扩大,我国社会经济实力的不断发展,社会各领域对运动训练科学化的进程都提供了有利帮助。在运动训练领域随着训练方法、手段的提高,科学选材意识的增强以及信息技术的普遍应用等一系列科学化表现对我国运动成绩的提高发挥着至关重要的作用。

(三)运动训练科学化在高校中的适用范围

随着运动训练科学化发展的不断深入,人们对运动训练学科的探索与实践也在不断加深,对学科的认识程度普遍增强,而运动训练科学化的实践成果必然需要通过理论的形式来表现出来,才能够更具传播力与影响力。罗超毅在《运动训练科学化动力系统的研究》一文中提出,运动训练学是运动训练科学化探索积累的成果,是体现运动训练规律、阐明运动训练原理的专门学科,该学科对运动训练实践具有很强的指导作用,也是运动训练实现科学化进程的理论依据。目前,“运动训练学”已成为适用于我国体育院校和教练员岗位培训的一门重要的专业必修课程,对运动训练领域的科学化人才培养体系发挥着重要价值意义。

五、运动训练科学化发展的结构体系

(一)内部因素与外部因素

1. 内部因素

运动训练在科学化进程中,人才建设情况是影响其进程效果的关键因素,在这种专门组织的社会体育活动中,创造优异运动成绩是这一社会性活动的最终目标,这就明确了人才发展的指向性,从运动训练科学化的角度出发,实现优异运动成绩的主体是运动员,这就必然要求运动员应在适应科学化训练环境的良好状态下去发展自身的竞技水平,为有效提高竞技能力完成科学、合理性的专项训练。在高水平的运动队中,教练员是控制运动训练科学化发展进程的核心因素,从最初的科学选材到训练过程的科学组织都需要教练员来合理调控,在整个运动训练的过程中,教练员与运动员的相互合作与配合是至关重要的。

2. 外部因素

运动训练科学化发展需要诸多外部条件的支持，运动训练作为社会性体育活动中的一个子系统，其科学化的发展要适应社会现阶段的发展方向并能够满足社会性发展需求，正是在这种包含关系中，运动训练科学化才能够呈现出良好的发展前景，才能够在诸多学科领域中脱颖而出，从而实现运动训练科学化人才培养目标。运动训练环境与条件支持系统是运动训练科学化发展的重要保障，在创新训练手段、完善训练设备、科学训练检测中发挥着不可代替的重要作用。正是这种外部保障系统对运动训练科学化发展的重要性，才使得产教研融合育人体系被挖掘出来，借助于相关产业在高校运动队中的运用以及高校对运动训练专业产教研育人模式的深入研究，为运动训练科学化发展提供良好完善的后备人才保障。

（二）可控因素和不可控因素

1. 可控因素

在运动训练科学化发展进程中，人才培养方向以及学科体系建设是人为设置的标准要求，明确的方向与目标指引为运动训练科学化的发展建设提供了理论指导依据，但任何事物的发展都需要一个长期阶段性的变化、形成过程，运动训练科学化发展同样是一个需要长期落实的艰巨任务。在整个运动训练结构体系中，科学地选材与训练、竞赛与管理以及基本保障这五大部分涵盖了运动训练全过程。如何让这一过程实现科学化发展是广大体育工作者都应思考的问题，目前，全国大部分体育院校在运动训练专业的课程开设中，还依旧趋向于单一学科的发展，在运动训练基础学科普及的过程中，较少地考虑到社会性发展需求，使得本专业学生的知识仅局限于运动生理学、运动人体科学等内展性学科领域，而对社会体育学、体育文化科学等理论较为丰富的外展性学科了解甚少。鉴于此，运动训练科学化还需在实际的人才培养系统中构建，相关学科建设者应将学科课程改革作为突破口，着眼于社会发展对本专业人才培养的要求，为运动训练专业学科的发展做出应有贡献。

2. 不可控因素

由于地域差异，社会经济建设、文化理念及人才水平的不统一，运动训练科学化不可避免地呈现出不均衡的发展现状,这种现象在很大限度上限制了运动训练科学化的发展进程,造成了运动训练专业人才供不应求的现象。一些地区因经济建设不足,能够引进的师资力量有限,这种情况从根源上导致了本专业发展条件的欠缺,没有先进的技术支持,科学化的发展更加无从谈起,想要全面发展运动训练科学化人才培养体系,这些弱项问题都需尽快地得到解决。

六、结果分析与讨论

(一)问卷的构成情况统计

从表4-3中男女比例的数据中可以看出本专业的男生人数普遍高于女生,由于问卷不涉及实验,也无男女性别的参照结论,而且数据也较为符合运动训练专业招生的实际情况,所以问卷回收结果有效。

表4-3　学生样本构成情况

		人数	比例
性别	男	110	69.2%
	女	49	30.8%
所在年级	大一	77	48.4%
	大二	18	11.3%
	大三	27	17%
	大四	9	6%
	研究生	28	17.6%
运动等级	健将	3	1.9%
	一级	50	31.5%
	二级	88	55.4%
	无等级	18	11.3%

调查对象中明显看出大一年级的学生所占比例居多,这可能会导致问卷的结论会偏向于该学龄阶段学生的视角,但由于其他年级学生的总和为半数以

上，所以本次课题研讨对此不做过多设限。

在所有接受调查的学生里，运动等级为二级的人数占半数以上，一级运动员的人数比例也达到了31.5%，这足以表明我校运动训练专业学生的运动专项水平。因此，这就迫切要求我校在生源系统的培养标准上，应符合学生实际，抓住本学科发展优势与机遇，从而打造较高水平的学科专业水准。

从图4-1中我们看到有40.2%的学生曾获得过国家级、省级前三的优异运动成绩，这充分展现出我校运动训练专业学生的技能水平，他们的专项能力在今后的择业、就业中具有较强的竞争力，这些通过长期多年的训练、比赛习得的运动专项技能与参赛经验使他们能够从大批竞争者中脱颖而出的“亮点”，也是他们运动生涯中的光环、荣誉。

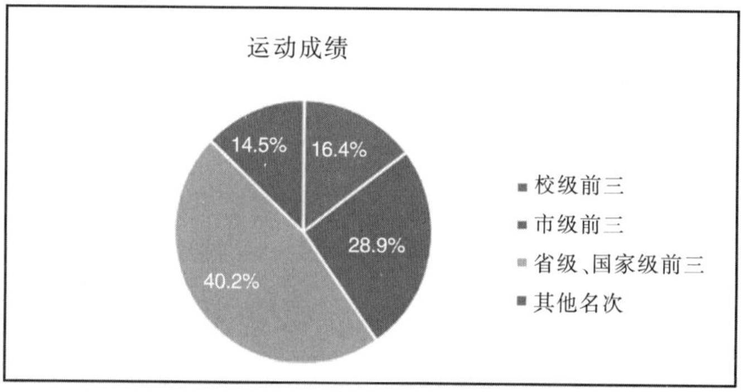

图4-1　本专业学生运动成绩

在学科发展中，应认识到本专业学生自身的现有优势及发展方向，做到学科专业性与全面性共存，通过与其他学科领域的交流互鉴，寻找适合本校本专业的学科发展路径，从而提高科学化人才培养水平。

从统计结果来看，本专业学生从事专项训练的四年以上的占较大比例，这说明本专业学生普遍具有较长时间、较高水平的专项训练经历，故运动专项能力明显高于我校其他专业的学生。并且，由于本专业人才培养的整体方向为提高我校运动成绩，发展本专业学生专项执教水平，所以，在被调查的学生中，有78%的人是在校参加训练的，这也与本专业人才培养计划相符合。

表4-4　运动训练专业学生的训练年限统计表

性别	训练年限			
	一年以内	一年至两年	三年到四年	四年以上
（人数占比）	4.4%	5.7%	20.8%	69.2%

对于我校运动训练专业设置的专项课程，有70%以上的学生认为自身的专项技能水平呈现出不同程度的提高，但依然有20%以上的学生认为自身的技能水平没有提高，反而下降。从此数据中表明，目前本专业专项技能课的开设还不能完全满足不同运动水平的运动员，那些国家队、省队退役的运动员还需要更高水平的系统训练才能得到技能水平的保持或提高。

从生源系统的统计来看，本校的运动训练专业的学生多为普招生，这说明我校在人才引进渠道中较偏向于文化课成绩良好，并接受过高水平训练的学生运动员，这种招生标准扩宽了人才培养路径，让一些开设专项训练的中小学及高中能够实现人才输出，使其学校的社会关注度、影响力等诸如此类的隐性价值得到良性发展。由于这一部分学生仅接受过校运动队组织的训练，参赛经历相对较少，所以，这导致一些学生的运动专项能力还无法达到较高水平。

从图4-2中得知，有近三分之一比例的学生是在专业运动队退役的运动员，这一部分学生不仅提高了本专业的运动成绩，还是促进本专业学科发展、提升专项运动水平、创造优异运动成绩的中坚力量。

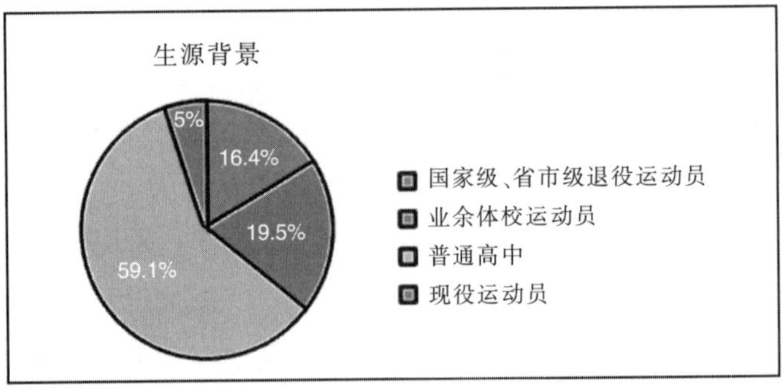

图4-2　本专业学生生源背景

本次调查涉及相关教师共19人,其中男性教师13位,女性教师6位。有6位是本校运动训练专业的教师,其他教师分别从事体育教育训练学、运动康复、运动营养等领域的研究及教学。被调查的教师职称等级相对较高,因此本次问卷的发放、回收情况良好,具有较高的权威性及有效性。

表4-5　教师样本构成情况

人数	主要研究方向					
	运动训练	体育教学	体育教育训练学	运动康复或营养	社会体育	其他学科方向
总人数(19人)	6	0	4	4	0	5
职称/人数	教授(5人)	副教授(8人)	讲师(4人)	助教(2人)		

接受调查的教师年龄在30至60之间,这表明这部分教师位于不同的教学阶段,从教年限及经验积累都不尽相同,所以,由此测得的数据分散性较强,但能够体现出整体师资的相关情况。

他们对本学院提供的教学资源以及在评价课程方案的设计与实施中,都呈现出较高的满意度,这表明我院运动训练专业课程能够满足本专业师生的发展要求。但是在针对我院相关研究中心及工作室的建设这一领域中,绝大多数教师表示该方面资源条件还不能满足自身的科研需求。

见表4-6所列,在所有被调查的教师中,他们在本专业从事着不同类型课程的教学。从事理论必修课、专项技能课等其他辅修课程教学的师资比例较为均衡,能够较全面地体现出本专业不同领域教师的整体诉求。

表4-6　教师执教类型统计

执教类型	理论必修课	专项技能课	辅修课、选修课	公选课或其他
人数	9人	7人	10人	11人

在对相关教师是否会主动去提高自身职业素养这一类问题中,呈现出较为乐观的趋势,本专业教师几乎都会主动去了解学科领域的一些发展前沿动态以

及会主动与校内外相关学者进行交流、互鉴，这对有效提升自身专业能力等方面都有良好的推动作用。

我校对于本专业教师培训及相关学术会议的安排上，没有硬性的强制要求，即主动参与原则，通过调查数据显示，有三分之一的教师很少参加与本专业相关的学术会议，因此，这部分教师的科研创新能力很难在短时间内得到提升。由于接受调查的教师中，有半数以上在本校是副教授以上的职称，这部分教师具备较强的学术能力，在该领域也拥有一定的地位。他们之间有7名教师是经常参与到学科建设过程中的，所以他们提出的观点、建议具有权威性，也能够真正运用到实际当中。这对本课题的完成具有较为深远的意义。

在针对与其他合作单位的嵌入式培养模式这一提议中，绝大多数教师对此持有赞同的态度，这对这一方案的初步探索乃至实施形成了较为积极的促进作用。

如图4－3所示，通过我院与各单位间的关联与合作，促进教师职能水平提升最为明显的是实际应用能力，与我校合作的相关企业、运动队为本专业师生提供的实践操作平台，在人才培养中推动了学科理论知识与实践应用能力的结合，是本专业人才培养与社会需求相适应，为本专业学生将来步入就业岗位创造了有效衔接途径。通过这种多方位的合作关系，其次提升的是本校师资的学术交流能力，这表明我校与其他高校之间的联系较为密切，并能够通过这种相互交流、借鉴的关系，共同提高本专业的学科建设水平。

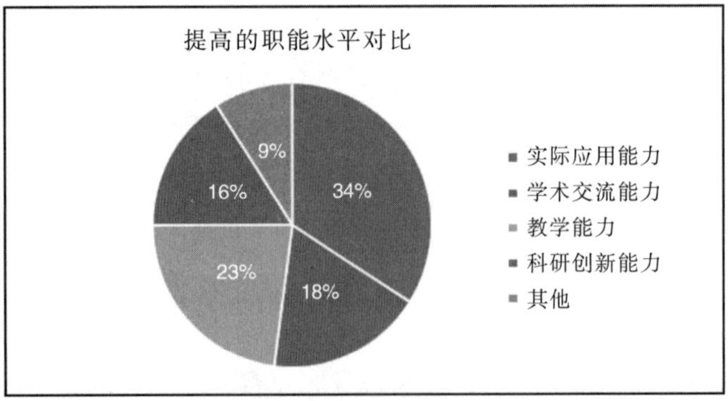

图4－3 教师对自身职能水平的认知

为提高本专业师资水平，通过对本专业教师的执教态度及教学方法做出一系列调查，从中了解到本专业教师的职业素养水平，由此制订符合教师发展的师资培养方案。根据数据显示，有多数教师是通过自身的钻研、创新，并向其他学科教师的虚心学习、相互交流借鉴最终形成自身的教学模式。这一教学方式的形成过程是提高教学水平的有效途径，作为高校师资力量团队，自我提升意识较强，他们会主动地参与到教师的岗位培训中，通过教学反思及经验的积累，在实践中磨炼、促进自身专业能力的提升，这使我校运动训练专业的教师团队能够符合一流学科的发展水平，因此，想要提升本专业目前的学科建设水平，促进产教研融合育人模式真正寓实施到专业人才培养方案中，必须从产教研本身出发，寻求本专业发展突破口。

七、天津体育学院在运动训练科学化人才培养方面存在的矛盾

（一）运动成绩与学业成绩之间的矛盾

运动训练专业是各体育院校为省市级退役运动员及高中参加过专项训练的学生而专门开设的，因此，该专业的学生具备优于其他专业的运动技能水平，他们当中绝大多数学生运动员依然是将运动成绩视为重中之重，但在追求运动成绩的情况下，他们很难平衡日常训练与学业课程学习之间的时间分配，造成运动成绩提高的同时，学业成绩明显下降，这就对我校运动训练专业课程的设置与安排形成了一定挑战。

（二）生源系统与就业方向之间的矛盾

由于本专业学生生源系统无法统一，导致学生运动技能水平呈现不一致现象，学生的个体差异明显，影响了我校技能课程的开设与实施。以上两方

面原因使得学生的就业需求方向呈现较大差异。以获得优异比赛成绩为主要目标的学生运动员,他们未来的就业需求更趋向于教练员、体能训练师等专业岗位。但随着社会需求对体育人才的高标准引进,各级各项群专业队的体育人才相比于高校运动员明显更具备技能优势,他们有更加专业、更加完善的训练体系,这势必会对高校学生运动员的未来就业前景造成一定威胁。以专业知识学习为主要目标的学生,由于他们中绝大多数是接受过普通高中的文化课学习的,这部分学生本身就具有良好的文化课水平,在学科理论知识的掌握中更具优势。他们的就业目标往往更倾向于那些师资岗位。通过考试的"筛选"方式会使他们从技能弱势情况下脱颖而出,从而在同等竞争条件下更具优势。

(三)技能优势与理论知识之间的矛盾

从技能型、理论型这两种人才发展方向来看,他们虽然在不同领域下各占优势,但很难具备社会体育领域发展所需的多方面人才培养标准,如何将两种优势结合,将学科知识与自身技能相结合,从科学化的视角深入理解技术动作原理,为将来更好地从事教学、训练工作打好基础。让本专业学生能够充分利用高水平技能知识,并学会将技能知识转化为自身的实际教学能力是各体育院校都应思考的问题。

八、天津体育学院运动训练专业课程开设情况统计

表4-7所列的是天津体育学院运动训练专业近年来的课程设置体系,从表格中各类课程学时的占比情况来看,专业必修课程在全部课程开设中为32.3%的较高分配比率,这对培养一批具备科学文化素养、并能够掌握运动训练学科相关理论基础的人才建设具有重要价值意义。

表4－7　运动训练专业课程结构及学时学分结构表

课程结构		学分数	百分比	学时数	百分比
公共课	必修	37	23.1%	592	23.1%
专业基础课	必修	13.5	8.4%	216	8.4%
专业课	必修	51.5	32.3%	824	32.3%
	选修	20	12.5%	320	12.5%
任选课		4	2.5%	64	2.5%
专业任选课		8	5%	128	5%
模拟实习实训平台训练		8	5%	128	5%
实践实习环节		8	5%	128	5%
毕业论文		8	5%	128	5%
其他		2	1.2%	32	1.2%
总计		160	100%	2560	100%

天津体育学院运动训练专业课程的设计实施,涉及了诸多相关领域知识,使学生能够在课程学习中丰富知识体系,形成较为全面的学科知识面。鉴于专业课的开设情况,我院有关实训、实践、实习环节的课程占比相对较少,据我院相关学者反映,实习模式以及学生的实践方式较为单一,对学生实习环节的评价只是简单地围绕是否完成教学任务的标准来做出评判,而不考虑学生是否能够将所学知识真正带入到实践当中。因此,在人才培养方面无法与社会需求有效对接,造成人才输出质量普遍较低。

因此,在实践性课程安排中,我们还应抓住学科专业独特性优势,培育学生在理论知识掌握的基础上,还需参与到学科科学化建设与学科相关产业开发进程中,通过这种理论与实践相结合的培养评价机制,鼓励学生在产学研训中习得专业实践技能,从而在未来职业岗位中不仅具备突出的专项技能水平,也能够在人才竞争日益激烈的社会需求中脱颖而出,使科研创新思维以及专业知识应用水平等具有独特优势的学科技能有所展现,真正提高人才质量以及社会岗位竞争性。

表4-8　本专业学生对课程开设情况的满意度调查

调查内容	满意度				
	非常满意	比较满意	一般	不太满意	非常不满意
就业方面的课程	73	59	25	1	1
对本专业课程的开设情况	71	62	21	3	2

在对本专业学生的调查中，课程满意度呈现出良性趋势，这也对本专业课程的开设现状给予了高度认可，在调查结果中，有87.4%的学生表示能够通过本专业课程的设置明确将来的就业方向，也有95.4%的学生表明能够在学科课程的学习过程中习得相关教学经验，从而使自身未来的择业、就业能力得到大幅提升。这也在很大限度上说明本专业师资在教学水平上能够满足本专业学生对专业知识的诉求，并能够从课程中有意识地习得教师的教学经验，为未来自身的就业能力打下良好基础。

在针对本专业学生的统计结果中，有关课程资源条件、学科课程考核评价标准以及学校提供的相关学习平台建设中都呈现出较高的满意度，这说明在本专业学生的视角里，本专业学科课程的建设还是相对合理的。

图4-4呈现的是本专业学生通过课程的学习，对自身的一个客观的评价。从上图中明显看出本专业学生的专项技能及专业理论知识得到了很大的提升，这也体现出本专业在学科建设及课程设置中的主要发展方向，这一结果证明我校运动训练专业在课程的设置与实施中是符合运动训练科学化发展方向的。但由于学校的条件资源限制，在对本专业专项训练课程的学生评价中，有62.3%的学生认为在器材设施方面还需改进，也有37.7%的学生提出，要想提升本专业学生的专项技能水平，还需着力加强对专项课教师教学方法的改进，这也是提升本专业学科建设水平，势必应考虑到的关键因素。

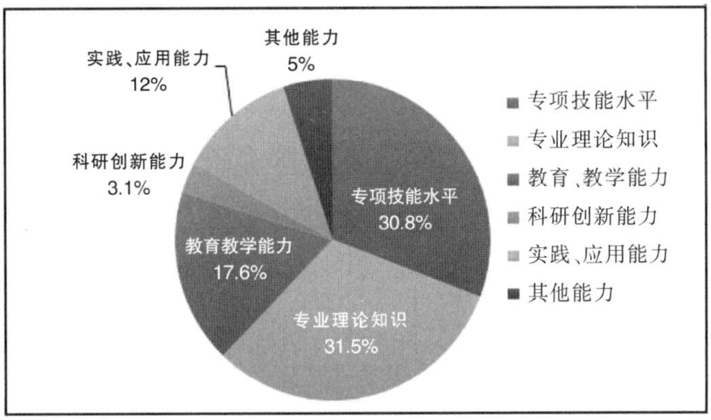

图4－4　学生对自身能力提升的认知对比

可以通过校内外组织的培训，以及从国内外课程的教学借鉴与交流中，改进、提升本校师资的教学水平，并能够保证全方位、多方面的贯彻、落实到实际的教学中。

图4－5体现了学科专业教师对运动训练专业学生素质能力的评价，相关教师认为本专业学生最为缺乏的是科研、创新能力，这说明本专业学生在这一方面还无法达到学科教师对其寄予的期望与要求，要想提高学生科研、创新能力首先应从学生的思维模式上入手，并通过教师自身的肯钻研、敢求实的良好科研作风，潜移默化地引导学生形成良好的科研与创新能力。

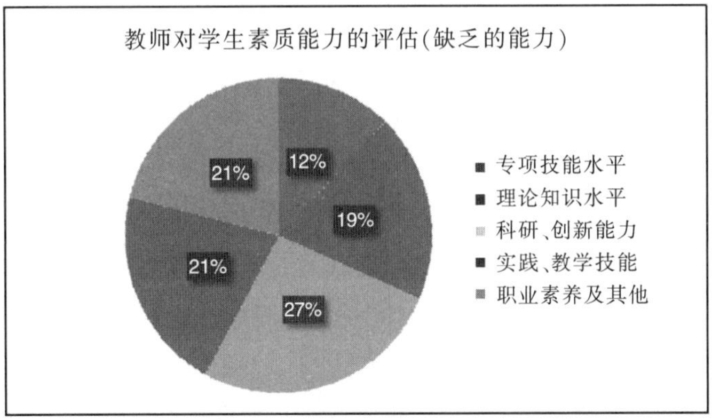

图4－5　教师对本专业学生素质能力评估情况

学生实践、教学技能的缺乏，可以从本专业学生的实习指导中发展，通过严格的实习评定与考核标准的制订，让本专业学生形成对实习培养方案的正确认识。

从学生对课程改革的建议来看，有32.1%的学生认为课程应结合学科发展方向及人才培养标准，为学生提供更多实践、操作机会，以此来提高本专业学生就业能力及水平，并通过与本专业相关的理论必修课、技能提升课的开设，确保本专业学生在校期间能够提升专业理论知识，并通过足量的技能课时的增设来发展本专业学生的技能水平，为将来的就业打好坚实的基础。

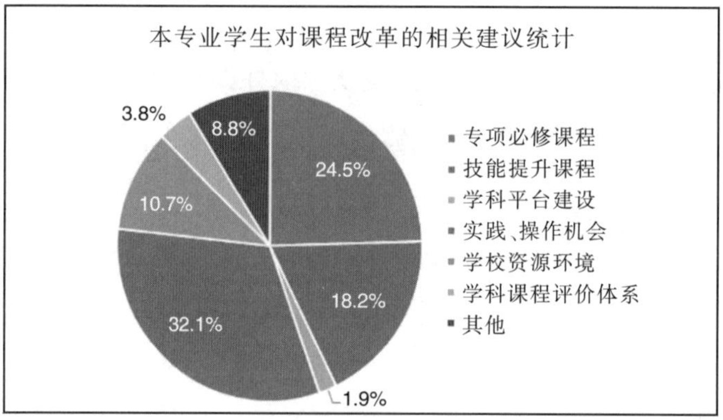

图4-6　本专业学生对课程改革方向的建议情况

以下是运动训练专业教师对课程改革提出的改进方向，如图4-7所示，各门课程的占比情况是目前急需改进的方面，有关专业课程的设置还需本专业的课程相关负责人明确本专业的学科培养方向，并通过制定长期的人才培养方案，对课程的开设作出相应的调整。

在课程改进中，最重要的关键点是应首先明确本专业人才培养方向，只有明确了方向，才能正确地分析实施路径，确立人才培养目标。

本专业教师还认为课程的设置与实施还应着力改进师生的考核方式，这包括对本专业学生专项技能的考核，也包括对学生理论知识的掌握程度的考核，目前，本专业还仅采取单一方式对学生进行考核，这使学生对所学知识的掌握具有局限性。比如技能的考核可以与教学相结合，理论的考核亦可以与实践相结合等，通过严格、全面的考核机制，提升本专业人才培养的水平。

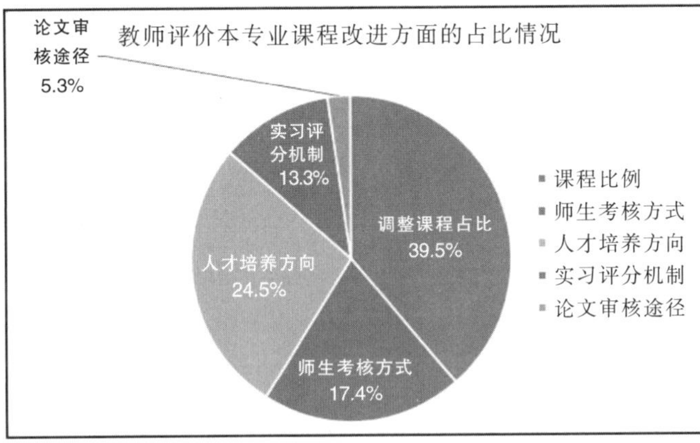

图 4－7　教师对本专业课程改革方向的建议情况

九、专家访谈案例分析

本研究选取了部分与课题有关的学科专家进行访谈，以他们的视角、观点了解本专业发展现状，在听取专家的评价与建议的基础上，分析学科建设的着眼点，明确现阶段学科的发展现状以及本专业人才培养的目标、方向，并对促进学科发展最直接、最有效的途径——课程的开设与实施进行整体的规划，从而促进我院运动训练专业学科的发展。

（一）访谈记录一

本次访谈对象是天津体育学院运动训练专业的党总支副书记郝建华。

针对产教研育人模式在本专业中的实施效果，郝建华书记指出产教研三方面并没有在本专业的学科建设中结合到一起，甚至从本专业课程的教学效果来看，学生的素质能力还不能完全满足社会对相关领域体育人才的需求，这些课程设置与社会需求存在的差距让我们有必要明确社会对人才引进的相关诉求。

如何将社会最顶尖、最专业的知识能融入校园之中，是提升本专业学科建设水平的关键问题，课程的设置要更有水平、更有专业水准，课程的实施应保证学生真正地掌握，并能够学以致用，避免学生所学无用等不良现象。

郝建华指出应通过相关调查研究，真正了解学生需求、社会需求，从天津体育学院发展理念的思路出发，对课程做出进一步改革。郝建华书记提出要把运动训练专业课程真正与体育产业相结合，应具体体现到为学生创设的课程环境中，让学生有更多的机会去外面学习、实践，真正实现与相关企业的衔接。

郝建华评价道，我校运动训练专业现阶段还仅停留在对产教研课程理念的表述上，并没有真正地实施到育人的课程建设中，也无法用具体的数据成效表现出来。

要想实现产教研有效衔接，并与相关领域科研室形成全方位合作关系，首先应明确我们有什么？我们想要达到怎样的课程建设效果？我们应如何去实现？我们需要做什么？这些关键性问题便是本课题需要解决的突破口。

郝建华书记提出要想寻找到发展突破口，首先应明确本专业的人才培养方向，如专业队、学校、大众健身等多方面领域，应把握各方面领域对人才的不同需求，找准课程改革的发展突破点。他最后强调只有让本专业学生在课程的学习过程中，从初步了解到学会实操，才能真正体现出产教研融合育人模式的成效。

（二）访谈记录二

本研究还对天津体育学院运动训练学院、运动营养与健康研究中心的廖鹏老师进行了访谈，主要围绕本专业的学科建设情况及产教研融合育人在专业人才培养中的实践路径进行了一系列的探讨。

廖鹏老师对产教研融合育人的理念表示高度认同。他指出，在高校的培养模式中，只有产教研三方面结合起来，才能真正地实现与实践相结合，从而提高该领域的生产力，但从天津体育学院运动训练专业的建设情况来看，距离产教研融合还有很大差距。

本学科还谈不上已将产教研融入学科建设中，他评价道，其他学科有些已经形成了这种模式，如体育教育专业在学生培养方面就是将学生专项能力与教学能力的培养结合起来，实现教与学的融合。但运动训练学科在课程开设与实施中，这方面还与产教研无法结合起来，甚至与此种模式相脱离。他指出，随着产教研育人模式的逐步实施，对于师生培养方面取得了一定的成绩，学科建设水平也呈现出一定程度的进步，但成效的形成还有待进一步提高，如学校聘请的运动营养师及一些实践方面的教学平台的建立，部分学生在其中能够习得一些技能。科学研究也与运动实践结合得很好，但还远未达到向成效的质变。

他对运动训练专业在培养学生的教学能力这一方面的课程建设情况的评价中，指出本专业设置的校外实践课程在提升学生的教学能力中并无实际意义，据廖鹏老师的了解，本专业学生在校外实习中的参与效果并不显著，无法真正地融入实践的环境中。他指出，校外实践引入课程中的这一理念非常有必要，但具体的操作运行方法还需长期的摸索，以求达到校外实践的最终目的与最佳效果。校外实践这一模式必然能够提升学生实际操作能力，使其能够较快适应就业环境。与实践结合这一人才培养方向是绝对正确的，但廖鹏老师强调，在这种模式的开设过程中，不能仅走形式、走过场。应使学生在实际的实习环境中能够真正地学到东西，以提升自身的专业水平。

随着现如今科技快速发展，运动装备在提高运动队的运动成绩中起很大作用，在这种运动装备生产需求增多的情况下，如何将课程与体育产业相结合这一问题中，他严肃的指出，现阶段本专业的课程开设情况并没有一个完善的课程体系，课程的开设思路不清晰，课程设置显得过于随意。而真正完善的课程模式建构往往是需要经过集体研讨及深思熟虑后才能形成的。

在谈论运动训练专业人才培养的主要突破口这一问题时，廖鹏老师指出，突破口就是产教研训，但如何将其有效融合，各高校具体应如何去做，是我们现阶段需要解决的一个关键问题。也只有产教研训真正地在运动训练专业学科建设中得到实施、融合，才能够实现较高水平的进步与突破。他指出，目前运动训练专业在学科建设方面正处于一个发展瓶颈期。所以针对如何提升运动训练学科建设水平的研究凸显出其必要性及重要性，该课题对本校以及全国范围内开设运动训练专业学科的高校来说，甚至对于运动训练学科未来发展都具有重大意义。他语重心长地说，运动训练学科的建设发展是一个需要长期摸索，反复实践的重要阶段任务，是个利在千秋的科研过程，我们应以认真的态度去对待，不应急功近利、急于求成，只有当我们真正地为此去付出，使能为进一步的实践找寻到切实可行的实施方案，才能有助于达到我们所期望的人才培养目标。

廖鹏老师指出，在本专业师生对仪器设备的利用中，想要真正地具体操作起来较为困难。

第一，学院现有资源对本专业师生的开放程度远远不够，造成本专业师生对相关仪器还处于不了解的状况。

第二，在对相关仪器有所知的情况下，仪器设备的构造，操作方式复杂，学生掌握起来较为困难。再加上使用仪器设备的前期流程也较为烦琐，培训及审核等硬性规定的设置，增加了师生使用仪器的标准及要求，也在师生对仪器的操作与掌握过程中增加了诸多不便因素，从而阻碍了师生对仪器的利用率，降低了学院的资源利用水平。

对于各大高校、企业、运动队先进仪器设备借用这一互动方式，他阐述到，该问题实际上是涉及多个单位的责任与利益的。需要各单位正式地参与其中，经过集体探讨、协商、创设可行机制来共同完成对仪器的有效利用，并形成有序合理的仪器使用体系，从而保证昂贵的仪器设备能够得到妥善的安置与维护，以及合理化的使用、操作。最后廖鹏老师指出，目前本专业还未实现产学研训的融合，距离实现产教研融合育人这一模式的学科建设与课程开设还有一定的差距。这是各大高校在运动训练学科建设中普遍面临的一个问题，还需经过长期的探索及不断尝试。

十、天津体育学院运动训练科学化人才培养的现状

（一）理论与实践相结合的学科培养方式

在天津体育学院运动训练专业课程的建设中，能够明显看出学科课程的设计理念，全面、多向化的课程建构充分体现了运动训练专业人才的发展方向。理论与实践相结合的课程模式能够适应于当今社会发展需求，并满足于不同水平学生对自身发展的要求。但仅从课程设置的思路上设定标准，缺少具体性；行为主体的学习内容显得较为单一；阶段性的培养方式过于刻板，没有提供给学生一个良好的思维发展环境。因此在学科课程的设立过程中，应在参照课程大纲的基础上，灵活性地运用现有发展条件，让整个高等教育阶段成为学生发展的良好形成环境，将实践性的内容贯穿于理论课程中，使两者实现真正地融合，共同促进本专业学生的科学化水平提升。

（二）不同背景的学生的发展现状

1. 文化型体育特长生在专业领域中的知识欠缺

体育院校的招生培养模式一般为两种类别，一种为能够创造优异运动成绩的专业学生运动员，另一种便是曾在各种渠道下参加过专项训练的普通学生运动员。对于众多开设体育专项训练的学校来说，专项训练通常仅作为一种特长来对学生进行训练，主要还是以顺应应试教育为主，这一部分学生经过两到三年的特长训练能够基本掌握专项技术动作，但由于竞赛条件限制以及学业为主的培养观念，他们的参赛经验相对较少。在本专业学科发展建设中，为凸显专业特点，专业性的知识会让人才科学化得以体现，科学化的学科理论与经验也会让学生的专业性知识达到质性飞跃。因此，在运动训练科学化人才的培养建设中务必应重视专业理论的发展，让文化型体育特长生能够具备科学化的训练

指导能力,尽可能地在高等教育阶段使这部分学生的专项技能有所提高,以适应体育发展对运动训练专业人才培养的需求。

2. 专业型体育特长生在学术科研中的理论不足

从不同级别运动队退役的学生运动员,在紧密的训练安排下通常无法兼顾文化课的学习,追求优异运动成绩的培养理念使得他们具备高水平的竞技能力与良好的身体素质,正是这种人才优势特点得以将本专业与其他学科区别开来,成为运动训练专业学科发展的主体。但在高等教育的培养环境下,必然要求学生具备一定的理论知识与科研能力,专项技术也应在理论的支撑下才能得以完善,以适应现代科学技术不断发展的体育新兴环境。天津体育学院在运动训练专业人才培养的过程中,专业型学生的理论学习是一大难题,缺乏专心学习态度使得他们很难达到本专业学科建设的培养标准,如何设立科学有效的培养体系,如何构建适用于本专业学生的课程模式以及如何正确、合理地评价学生的目标达成效果都是促进天津体育学院运动训练专业育人模式亟待解决的关键性问题。

十一、天津体育学院产教研融合育人模式的具体分析

(一)产教研融合育人模式未能形成

通过专家访谈以及对本专业相关人员的问卷调查,能够看出产教研融合育人模式仅停留在表象之中,这一理念在诸多专家、学者中已耳熟能详,但在实际教学中未能落实,理论无法付诸实践其影响必然不必深究,在对学生的问卷调查中得知目前我校运动训练专业课程能够对未来就业能力的提高有所帮助,有关就业的讲座、培训能够使学生明确自身发展方向,为未来适应就业岗位具有一定的促进作用。高校对运动训练专业的培养模式充分表明了该学科的人才培养取向,这种方式具有一定的价值意义,但也不可避免地呈现出培养模式的局限性。对于运动训练专业的学生来说,进入各级运动队、各阶段学校中

从教是最为普遍的出路，这种出路与其他体育学科无异，但由于本专业学生对于文化课的忽视使他们很难达到其他专业学科学生的理论水平，在考取各种从业证书、从教岗位中都相对困难。这就要求本专业在课程开设中应考虑到学生自身发展因素，通过优秀的师资及相关课程的开设来改善这种不利现象。

对于高等教育阶段来说，高水平人才的培养是学科建设的重中之重，然而仅局限于“教”这一层面未免显得过于单一，对运动训练科学化人才的培养也有些“力不从心”，这就需要“产”“研”与“教”的融合，“产”是顺应时代发展的合理体现，而“研”便是高等教育育人的培养标准，只有通过三者的融合才能够培养出具有创新精神与科研能力的科学化人才。

（二）无法精确定位培养目标、方向

天津体育学院运动训练专业在培养目标的建设中，将我国现代化建设和竞技体育发展的实际需要作为目标设置依据，借助于运动训练专业理论知识及现代体能训练理论与方法培养能够胜任于专项俱乐部、学校及企事业单位等具备良好科学文化素养及较强专业能力的应用型人才。由此可见本专业在培养目标的设计中能够结合现阶段体育发展现状，为人才的发展、培育确立全面的发展方向，但在实际的操作性目标实施中，应用型人才的培养目标就很难达成，经过系列研讨及参阅相关文献，将主要问题归结为课程开设途径的单一，这在很大限度上阻碍了学科人才培养的科学化发展水平。

在运动训练专业课程设置中，过于强调学生就业能力的发展，以学生的就业率为评价学科发展水平，忽略了学科培养过程中的素养提升以及学生对课程开设的接受程度。过分抓“学业”使本专业的学科特点在课程开设中无法充分体现，学科优势也没能在科学化人才发展中充分发挥，这对运动训练专业的学科发展进程造成了不可忽视的重要影响。

在后续专业建设的过程中，应着重课程的设计与实施，在主课程的传授过程中，也应注意学生在其他领域的思维拓展水平，以产教研融合的育人理念进

行相关课程的设计，让学生能够从多渠道、多层面、多模式的培养环境中获得全面的知识体系。

十二、运动训练课程模式的改革、建构

（一）课程改革的依据

1. 根据本专业生源结构设置课程

天津体育学院在人才培养方案的设计中，应根据生源结构的特点来规划学科建设，一般情况下，各高校的运动训练专业在招生时，普遍倾向于从省、市级业余体校范围内招收人才，但也有相当一部分普高参加过专项训练的学生考入本专业，这就形成多种不同类型的人才基础。在课程设置中，应考虑到不同学生的现有水平，在此基础上设置与之相对应的课程体系，根据不同人才基础，针对性地预设培养目标。为具备高水平专项技能的竞技性人才设计更高难度的专项训练，使其能够维持较长时间的竞技能力，以取得优异运动成绩为学校争得荣誉。

在针对那些已接受过普通高中基础教育的学生的课程安排中，应充分利用他们的文化课优势，提高专业学科知识的理论掌握水平，在这种课程的建设模式中，还应注意将独立的课程体系与多种课程体系联系起来，在突出运动训练专业学生特殊竞技优势的同时，促进人才全面综合化发展。

2. 根据本专业学生的就业发展趋势

在与天津体育学院廖鹏老师的访谈中针对课程的开设与学生未来就业是否能够有效衔接这一问题中，他阐述出自身的见解，他认为在运动训练专业课程建设中，术科的开设远比学科的开设更有实际意义，术科对于学生专业水平的提升也是有直接推动力的，但学科的建设还有待提升，枯燥的理论知识无法引起学生的学习兴趣，致使开设效果较差，学生在课程的学习中也就无法掌握

在校期间应习得的学科专业知识。

(1)调整课程建设模式

专业理论知识是促进运动训练专业学生学术水平及专业能力提升的基本功,但由于理论性的学科知识是单一的,仅仅通过书面上的学习是无法在实际操作的过程中运用的。因此,在学科课程的教学过程中,应与教学、实践相通,通过实操化的教学模式使学生掌握学科理论知识,让学生有意识地将所学知识与实际应用结合起来,从而提高学生未来的职能素养。

(2)拓展、创新教学途径

在运动训练专业课程的实施过程中,为达到最佳人才培养效果,应着力加强师资的执教水平,不断改进自身的教学方式,并通过对多种教学途径的创设,培养学生对理论学习的动机与兴趣,在不同的教学场景中,把理论性的知识与实践性的技能融会贯通,使本专业学生在高质量的学习过程中,完成专业课程的修习。

在高等教育逐步走向大众化的教育背景下,社会各领域对人才培养的需求也随之加大,高校是人才培养这项“大工程”的主要孵化基地,因此,其改革建设应紧密顺应社会发展是大势所趋。近年来,我国对体育领域人才的质量提出更高的要求,各企业单位招收人才的标准也相应增大,高标准体育人才需求与各大体育院校人才输出质量之间呈现出不相符的现象,这促进了各大体育院校内部相关体系模式的改革发展。在这种专业规模扩大、就业形势险峻的形势下,天津体育学院在运动训练专业课程体系的建设中,应在普遍重视专业化人才培养模式下,突出通识性课程的普及培育。

问卷调查结果显示,有71.7%的学生认为运动训练专业学科课程的开设基本与自己的未来就业方向一致。在接受调查的专业学生中有74.2%的人对自己今后就业的定位为教育、教学方向,这是一个教与学融合与完善的过程,这与近几年各高校运动训练专业的就业发展方向相一致。

这也说明随着社会对体育人才需求的增加,为运动训练专业学生提供了发展机遇,运动训练专业学生在本科的学习生涯中,通过教师的指导能够有明确的就业目标，这为他们今后的就业形成了良好的铺垫作用。社会的激烈竞争性也让更多学生明确了自身的特长所在，并能够在利用自身技能优势的基础上，主动参与到社会实践中，并利用一些课余时间考取相关就业证书等有助于增强未来就业能力的事情，这对于提升本专业人才就业率，提高人才培养水平有很大的推动作用。

所以在运动训练专业的人才培养中，应抓住运动训练专业学生自身优势，明确运动训练专业特色、亮点，设置符合学科发展方向的课程体系。

（二）运动训练科学化课程模式的合理建构

1. 产教研融合育人模式

充分利用天津体育学院与其他领域学科、企业、教育系统的合作关系，将产教研真正带到学生身边，为他们提供不同领域实习与实践机会，从而使学生习得更全面的专业领域知识，丰富学生的专业领域视野，增强学生就业选择的机会与能力。课程的设置应根据学生不同发展方向分为训练指导、团队管理、教育教学等领域，学生应能够客观评价个人实际发展水平，确定未来能力发展趋势，并以此为标准选择本科教育期间的主修课程内容，使擅长领域的专业知识能够在有限的学时中得到真正地发展，做到专业学习不仅要全面，还要精通。

2. 分组帮扶课程模式

在人才培养方面应充分重视天津体育学院学生技能水平较高的独特专业优势，利用好“学生师资力量”，为各运动项目的课程合理分配专项学生的数量，让他们在自己专项课程中发挥出技能优势，该项目教师应在日常教学中突出教学方法、教学组织等环节的要点，让同学们在习得专项技能的同时，发展教师专业能力、提高教学技能水平。让专项学生在帮扶低水平学习者的过程中，体会“教师教”的感受，并能够在这种教学经验中，形成良好教学认知，从而提高未来就业适应水平。

3. 教学指导小组模式

为了全面提升本专业学生的人才输出质量，在人才培养中应加强导师责任制的管理力度，在整个本科学生培养阶段，应设置不同阶段任务的师生互选模式，如生活导师、论文导师、就业指导教师的合理分配。导师的主攻方向不尽相同，学生的可选择性加大，提高了专业学习目标与学生自身现有水平的契合度，能够充分体现出不同发展方向的学生个体优势，从而增强学生的学习获得感，并从中树立学科自信。

十三、运动训练科学化的背景与相关影响因素

在科学技术不断发展的时代背景下，诸多科技型服务产业引领着社会各领域的发展。不可否认，体育相关科技设备、技术创新的卓越发展是体育领域发展的重要推动力，运动训练的科学化已成为运动训练学科发展的重要见证；已成为造就运动成绩的坚实保障；已成为建设先进运动训练体系的关键因素。

（一）加强政府支持系统的助力

在体育强国的特殊背景下，运动训练的科学化建设应抓住时代机遇，大力宣传运动训练科学化的独特优势及国际影响，通过先进科学技术在竞技体育领域中的广泛普及，运动训练人才在国家全民健身实施下的重要引领作用，以及运动成绩带给人们的祖国荣誉感与爱国主义精神在奥林匹克运动会上的生动诠释，都对我国的教育、文化、政治、经济领域产生深刻影响，运动训练科学化的逐步形成与发展，推动祖国实现真正意义上的体育强国建设，激发出多元的社会价值，使政府支持系统的建立成为必然。

（二）完善运动训练科学化设备保障与运营体系

运动训练科学化离不开最基础的硬性条件保障，训练场地、器材设备与科

技平台的建设是能否实现运动训练科学化的前提。运动训练科学化体系的完善,只有通过训练系统所提供的外在条件才能够真正得到落实,其发挥的正面效应往往是促进运动训练实施的积极客观因素,良好的环境保障能够增强运动员与教练员的参与主动性,先进的训练仪器的使用与监测对提高运动成绩往往具有事半功倍的效果。一个完善的运动训练体系的建设,人力资源的合理分配与内部机制的密切配合是不可忽视的,对于运动训练科学化的开展建设,科学的教育、科学的实践中的人文影响起决定性作用。所以,运动训练科学化不仅需要良好的设备条件作为保障,训练团队中科技人员、医疗人员等运动队服务系统的完善健全也至关重要。

(三)促进运动训练理论与实践的科学化进程

运动训练科学化只能在实际操作中得到充分体现,从实践是检验真理的唯一标准的辩证角度看,运动训练实践必然成为运动训练理论形成的唯一路径。在运动训练科学化进程中,科学的训练理论是提高运动成绩的关键因素,在科学训练理论的基础上通过反复的训练实践,从而实现运动训练科学化。确切地说,科学训练就是运用某种训练方法或某些训练方法,将适宜负荷与适时恢复、持续训练与周期安排等科学训练原则同时作用于训练课中,让运动训练在科学设计与安排中得到有效实施。

(四)提高师生科学训练意识与行为

在运动训练科学化发展进程中,存在诸多不可控因素阻碍着科学化的发展,正因如此,运动训练科学化更需要人为的内在积极效应加以管控,随着我国运动训练科学化步伐加快,运动训练相关人群的科学意识增强,促进了运动队良好训练行为的形成。天津体育学院通过相关理论课程的开设以及先进平台系统的引进,为天津体育学院运动训练科学化进程提供有力支撑,使天津体育学院师生在训练科学化进程中科学训练意识得到明显增强,科学训练行为得到有效改善。

十四、产教研融合协同育人的作用机制

产教研融合是高校教育对于人才培养逐渐兴起的词汇，但这种协同育人的方法在体育专业人才培养领域还未得到相应重视。有学者指出，产教研融合在高校中的应用，能够完善高校的资源配置，尤其作为应用型高校尤为适用，能够在学科建设各主体间建立责任机制和评价体制，使相关高校人才培养成为真正能为社会助力的人才动力系统，从而，促进一流学科专业的建设与发展。

（一）增强学生社会适应性

天津体育学院在一流学科建设中，通过将产业、教学及研究纳入一个发展体系中，目的在于能够使企业模式、教学方式以及研究成果的资源影响作为一种人才培养途径，应用于学科发展建设中。产教研融合育人的特殊价值意义在于该模式能够满足社会经济发展需求，社会各领域的持续发展为生产力的培育提供营养成分即物质基础。相应地，生产力的形成是服务于社会经济发展的首要保障。产教研三大作用力应在理性融合的基础上，为学生提供社会实践平台，在产教研优势互补的作用下，促进学科建设与教师教学水平，为提升学生社会适应力创造条件。

（二）提升运动训练科学化水平

在企业、运动队以及各种体能与康复研究院与天津体育学院建立密切关系的后备保障下，有利于天津体育学院运动训练科学化水平得到提升，科学化体现在学科建设的多个方面，从硬件设施到服务保障的建立，再从科学理论到人才质量的完善，这些方面在运动训练科学化人才培养体系中发挥着至关重要的作用。

1. 从学生培养、教师培训的角度

产教研融合机制在学科建设中的普及，其最明显的效应便是对师生的价值

观念的影响。通过学院对教师的集中培训，提升教师科研水平与教学水平，让教师在学科良好交流环境中，培育创新思维，树立科研、产研融合态度，从而促进教师跨越性发展。训练基地的建设、企业、学校的操作平台也为学生提供了良好的实习平台，为学生步入社会、踏向就业岗位提供了真实模拟环境，为社会体育领域的人才输出提供了基本质量保障。

2. 从学科建设逐渐完善的角度

从单一学科转变为多元学科的过程，产教研融合理念起着重要作用。为适应社会发展及体育强国的实际人才需求，我校运动训练专业的培养路径务必从单一的校内学科专业的封闭式培养模式转向与校外各产业的合作式培养模式，在保留本专业必要课程的基础上，增加实践课程的辅修学时，使产教研相融合的育人模式促进学生实现综合素质的全面提升。

（三）促进学科资源优势互补 加强相关系统合作动力

以促进学科改革为目标引领，以人才培养质量为评价标准，以产教研融合为实施路径，增强我院内部学科与外部学科之间的交流沟通，将各学科优势融会贯通于人才培养体系中，在运动训练科学化进程中真正实现科学、教育、产业联动，在实践与理论的交融灌输下，培养相关人才系统、产业系统的社会适应力，增强学科发展活跃性与创造力。

十五、产教研融合协同育人的发展路径

（一）综合化培养方案的建立

为适应体育产业对人才所需的综合化要求，在人才培养进程中，应形成一专多能型人才的培养目标体系，在保留区别于其他体育专业的“一专”学科理念的建设中，还应注重多元化学科体系的建设。根据本专业生源结构的特殊性，

应在学生专项技能持续提升的前提下发展其他综合性素质，使运动训练专业学生保留专业运动技能的同时，发展成为能够契合我国体育事业发展前景，符合社会体育产业、国家体教事业人才实际需求的高素质应用型人才。

（二）产教研融合培养实用型人才

天津体育学院应充分利用产教研融合这一可行路径，培养应用型人才。教师队伍可以进行校内外互派，组成团队，参与课程授课、教学大纲的设置，人才培养方案的制订以及毕业设计等一系列教学环节中，并进行教材合编，提升本专业应用型人才培养质量。同时，在体育产业处于领先发展的时代背景下，抓住时代机遇，将研究热点引向体育强国的建设中，通过产教研融合的培养模式，产出一批高水平建设性体育人才，规避体育产业中的一些不良现象，保证我国体育事业能够稳步发展。天津体育学院通过与各相关企业单位形成的长期合作关系，能够提供机会让教师、学生进入工作相应的岗位进行实践性学习与培训，提高教师的综合能力，让学生在真实的工作情境中完成教学实习的有关要求。面临体育强国战略下运动训练专业发展的新形势和新问题，建立一系列嵌入式合作模式，丰富教学平台，系统地构建运动训练课程的产教研融合教学模式。

1. 打破传统育人模式，加强产教研助力动力

传统的学科育人模式对于人才培养有一定的局限性，在天津体育学院学生的习得反馈中，较为突出的是对学科理论知识的全面掌握，而在实际实习、实践中对于新知识的收获较少。这充分体现出天津体育学院在以往的课程建设中，对于书本的依赖性远高于对学生实践技能的培养，这种现象虽然能很好地反映出天津体育学院生源结构的独特性以及对学生理论知识普及的紧迫性，但由于天津体育学院学生仅具备自身专项技能，无法与社会生产、科研实践相呼应，在社会人才需求领域势必会形成不利局面。所以，天津体育学院学生应提高忧患意识，借助天津体育学院现有产教研训的优势环境，打造天津体育学院相关学科多方位人才培养系统，形成综合化人才培养体系，让学生在未来职业生涯选

择中，寻找发展契机，让自身技能与所学知识能够有所作为，为运动训练科学化提供可行方案，也为学科相关领域的生产建设形成强大人才动力。

2. 提高学生运动训练科学化手段的应用能力

通过实习课程的开设，让学生依据所学理论基础知识，发展自身的专业优势。从简单的技能传授模式转变为科学引领的技能传授，比如依据自主研发的科学训练手段，对不同人群制定针对性的课程安排，在体能、健身领域，利用所学专业知识，对相关人群进行体适能测试，为所需人群提供合理饮食清单以及参与训练装备、器材的研发等，都有利于运动训练科学化在社会不同领域的普及实施，也使本专业人才的社会作用得到了充分发挥。

3. 参与相关领域生产建设，培育综合性人才

借助于相关企业、基地，使我院产教研协同育人环境得到落实，打破传统书本式教学，摈弃以往的单一实习模式，让学生真正参与到企业建设规划中，真正融入相关生产领域中，拓展创新思维，提高科研能力，在多领域协同育人的基础上，对学生进行综合化培养，以此来促进本专业学科发展建设的科学化水平。

（三）就业岗位评价与学科课程评定

在课程评定途径中，应结合相关岗位对我院输出人才的实际需求意向程度，来评定学生的学业成绩。在高校学科课程的建设中，应考虑多方面的可行性因素，课程是为提高学生的某种能力而形成发展的，那高校的学科建设势必要与社会岗位需求相结合。正因如此，为了让学生的自身素养符合社会实际需求，同时培育天津体育学院学生在实际操作课程学习中形成优良职业素养，我们必须在学业评定上对本专业学生加以调控，通过课程考评体制的完善，对学生的行为表现加以约束，打破以往天津体育学院学科课程的教师单向评定模式，转向多元化学生学业评定渠道。

十六、产教研融合育人在高校运动训练专业中的应用策略

（一）运动队的科学化建设

1. 运动队建设的重要性

对于高校运动训练专业来讲，学科的设置正是为提升不同项目参训大学生的文化素养服务的，正是如此运动队在本专业中具有不可比拟的重要价值意义，这种独特性区别于其他专业科目，使运动训练专业得以在某种条件下脱颖而出，并成为专业型人才的培养基地。当产教研融合育人模式在本专业的学科建设中形成改革背景时，首要的改革环节非运动队莫属，现如今，产教研在运动队建设中的趋势呈现出科学化的发展方向，从运动队成立所需的场地设施到优秀教练团队的引入以及科研、检测水平在高校运动队中的提升都足以体现出产教研融合育人在运动训练科学化中的重要发展意义。

2. 产教研在运动队发展中的相互关系

产教研融合育人体现在运动队科学化建设的方方面面，随着现代科技的发展，体育事业在现代化背景下呈现出蒸蒸日上的发展前景，我国体育项目在世界中取得的瞩目成就正是产教研融合育人的精彩呈现，科学化的脚步在社会进步、科技发展的进程中逐步加快，不仅带动了高水平运动队的建设发展，也带动了相关领域学科的多向发展。

产教研融合在运动队中体现出互相促进与发展的交互作用，从最基础的参训条件到后勤、医疗系统的保障体系，从科学化选拔专项人才到教练员科学化的组织、管理，这些运动训练独特的环节构造都为产教研融合育人理论引进一流学科建设中提供了重要的先行条件，由此可见，层次明确、环环相扣的科学化训练体系是现代高校运动队务必实现的发展道路。

（二）课程的科学化改革

在天津体育学院一流学科的建设背景下，科学化是现代教育发展务必重视的引领性发展路径。运动训练科学化是现代各级运动队及各级体育高校普遍追求的发展方向，随着相关领域参与人员对训练系统认识的加深，并积极探索反思训练实践中的不足，逐步形成运动训练科学化体系。尽管从学科发展的角度来看，该领域的科学理论、训练方法以及技术的应用都表现出大幅度的提升，但运动训练科学化不仅仅是一个名词上的解释，还应运用到实际训练中，并试图让运动训练科学化在全国范围内以及学科育人的全过程中得以体现。

在学科课程的改革建设中，社会发展现状是首要考虑的参照因素，其发展方向应符合社会各领域对体育人才的标准性需求。在此基础上还需结合天津体育学院的育人理念及本专业学生水平来设计科学、适用的课程开设方案，充分挖掘学校现有条件，大力加强各相关领域学科的师资培养，为产教研融合育人模式提供人才基础。

（三）高校科研团队的建设

无论是先进仪器设备的引入还是与相关产业生产、企业运行的联系，都需要后备人才力量的高水平建设，人是社会生产力的第一要素，人口数量要与经济发展的规模相适应，然而在高水平、科学化的学科建设中，人口的质量水平将基于数量之上成为引领科学化发展的动力引擎。在学科建设中应在借鉴国内外相关理论的基础上，提升天津体育学院部分高水平教师关注学科前沿动态以及开拓创新的思维模式。发展优秀师资带领模式，将“以师带徒”的良好科研风气在本专业学科建设中传承，并通过社团、科研团队的成立，发展学生教学为主的“小先生”培养模式，让其能够在趣味性的集体环境中提早适应未来从业岗位需求，使天津体育学院运动训练专业形成人人搞科研的学术发展前景。

（四）高校多种师资力量的融合发展

通过外聘、兼职等形式招收优秀师资人才，通过运动队及科研团队的设立将不同研究领域的专家、教师合并，形成多元化的团队建设，主体的全面性能够带动整个团队乃至整个院系、学校的影响力提升，这种人才构建模式对本专业的科学化发展提供了坚实的科研基础力量。学生在不同学科领域教师中习得的知识能够使其脱离单一思维模式的禁锢，形成灵活多变、多向发展的多元化思维模式，这在本专业科学化人才培养中具有一定的教育价值。

天津体育学院近几年与其他高校、高水平运动队以及相关企业形成了密切的合作关系，相互融合、相辅相成正是良好合作关系的必要条件，所以，在产业、教育、科研领域中，人才之间的默契合作是使师资力量健康、持续发展的人为动力，本专业在学科建设中应当对维持这种良好关系做出一定程度的努力。

（五）产教研融合育人模式的形成与评价

在运动训练科学化人才培养的建设过程中，需要投入大量的“装备”作为形成科学化人才培养系统的育人条件，而产教研融合的育人方式能够满足这一条件的外部环境需求，总的来说科学化是育人模式的一种创新思路，产教研融合的主要方式便是在学科发展的理念基础上增加一些现代化科技工具及某些先进教育理念对应用型人才的发展提供优良的环境创设，为专业人才的发展最终满足社会需求做出贡献。

要想让运动训练专业人才实现科学化发展，较为重要的一点便是立足于产教研融合的协同育人模式，在深化校、企、队的密切合作过程中，务必注重科学化人才的培育标准，全面了解培育对象的发展水平及可塑程度，让协同育人方式能够切实可行的有效落实。在教学内容的优化过程中，注重将产教研育人理念纳入学生的课程学习中，并更具本专业学生特点设计符合社会发展需求的课程目标体系。

在针对本专业科学化人才培养体系的评价方案设计中，不仅对学生的学业成绩进行评价,还应借助于产教研融合育人理念对学生进行全面的综合测评,在与运动队、企事业单位及其他高校合作中通过多渠道的评价主体,为运动训练专业科学化发展形成多元化的人才培养评价系统。值得注意的是,在运动训练专业学生的学科水平发展过程中务必形成合理、个性化的反馈评价机制,这对学生专业发展具有良好的指导与激励作用。

十七、结论

根据体育人才市场的实际需求,天津体育学院在专业学科课程的设计上必须实现与社会需求相符的改革完善。交叉学科课程的建设为本专业学生提供了更为科学化的操作实践平台,同时为他们的未来发展路径扩大了有利空间,学生能够运用所学知识,参与到器材研发、中小学体质监测、运动员营养调控及赛后恢复等一系列学科领域中,从而提高自身就业能力,扩宽未来发展道路,同时也增强了运动训练专业在社会各领域中的人才竞争力。在培养方案的建立中,要落实产教研融合的培养理念,将应用型人才的培养思路与学生就业岗位融合,让运动训练专业的学生能够明确选择未来就业方向,通过实习岗位的合理分配,培养学生实际操作本领。通过课程体系的不断完善,拓展天津体育学院学生的理论知识面,进一步增强其科研创新能力,丰富本专业教学平台建设,为实现运动训练科学化发展提供有力保障。

第五章　运动训练一流专业的教育教学管理制度、质量监控与评价、激励机制研究

随着运动训练国家级一流专业建设的推进，以及专业内涵发展的要求和需要，教学质量保障体系建设已成为学院教学管理的重要组成部分之一。当前，在运动训练一流专业论证体系中，构建运动训练专业的教学质量改进机制显得非常重要和关键。与此同时，我们还发现我国高校开展教学质量保障体系建设的时间较短。在此基础上，运动训练专业的教学质量管理的理念还不够清晰，教学质量管理技术还不够成熟，教学质量管理的水平有待提高，也就是说运动训练专业的教学质量保障体系运转的整体效度有待加强。最明显的表现为运动训练专业毕业的学生，并没有明确的就业方向。现今，运动训练专业培养的各层次人才，就业方向和其他体育相关专业基本相同，就业困难等问题增加。运动训练专业论证的教学质量改进机制建设具有个性化特性，为此，理应进一步明确运动训练专业人才培养的能力要求、专业标准、用人标准，建立科学、有效的考评体系，开展运动训练一流专业教学质量改进机制的构建和研究，结合学校具体实践、绩效改革及专业特点，对现有的运动训练一流专业教学管理制度、考核评价方案和激励机制进行深化改革。

一、运动训练专业特点

（一）运动训练专业学生与教师特点

运动训练专业，从招收学生的实际情况看，大多数学生具有国家运动员等级证书，他们一般至少有校级运动队的经历，通过单招考试等方式以体育技能

为主要考核手段进入更高阶段的学习和生活。作为运动训练专业的学生,其身体素质和运动技能的掌握水平,普遍高于其他体育相关专业。出色的体育竞赛能力及比赛经验,使得大多数本专业的学生在大学甚至研究生在读阶段的主要精力,都投入到专项训练活动中。因此,这也导致了学生们对于综合文化学科的学习态度、热情呈现出消极的表现。这也是部分师生关系出现问题的直接因素。学生们在涉及其自身专项训练的课堂上,多数表现都是积极向上,肯于吃苦,目的就是提高自身的竞技水平。在涉及综合文化的课堂上,其表现往往不尽如人意,主要表现为:学生主观上拒绝与任课教师互动;对课上老师所教授的内容充耳不闻;上课睡觉等问题。

大多数运动训练专业专项课程的任课教师,多为运动员出身,自身拥有丰富的运动经历和运动经验。这是拉近学生与教师关系的一大重要原因。通常来说,学生对其专项任课教师的认可程度,与该名教师的专项竞技水平高低成正比。这也直接可以从教学课程上直接体现出来。而非专项课程的任课教师,通常熟知大量与运动训练相关的专业知识。由于学生的主观想法,不愿意在该类学科上投入时间与精力,造成了课程难以开展,授课效果欠佳的情况。作为运动训练专业的任课教师,每位教师都具有出色的体育科研能力,针对体育实践,针对体育实践各方面背后的原理,这些都是学生们应该了解学习的重点。

(二)国内外的运动训练专业课程设计特点对比

在国外,运动训练专业方向的学生同整体学生,即其他各专业方向学生的录取方式相同。其运动训练专业的培养目标是:学生要充分掌握相关知识、掌握基础运动训练的原理,更重要的是了解教练、体育教师在社会中为人师表的重要职责。为此后自身作为学生毕业,成为业余、中小学、大学或者职业等水平的个人或运动队中做教练、管理等工作做好准备,再或者为进入运动训练、体育教育、运动损伤与康复等相关专业的研究生阶段学习做好准备。运动训练专业学生的就业方向大致包括但不限于:教练指导方向、训练管理方向、运动机能临床医生、康复、营养师等。另外,学生毕业后也可选择进入研究生阶段学习。

相较于国内的专业方向培养来说,国外高校的专业课程更注重对学生在运动训练的思想体系与道德规范、安全与损伤预防、身体素质、发育与提高、组织与管理、运动技能与策略、教学与交流、评价等 8 个方面能力的培养。课程中仍以专业理论为主,活动性课程比例很低,且这类课程在授课时,一般也有一半学时传授相关的理论知识。在国内,大多数运动训练专业的学生主观意识上仍想大幅提高自身的专项竞技能力,从而降低了自身综合性的提高速度,在自身主观想法上,不愿意与理论知识打交道。

通过对国外所注重的专业课程的分析发现,其生命科学方面的专业基础理论学时较少,紧紧围绕运动和练习进行讲授,实用性很强。训练理论方面的内容与中国相比较而言,覆盖的领域更为广泛,它一般还包括运动中的道德规范、竞赛管理、器材设备管理等方面的内容,这与美国学校中的教练员所承担的责任与义务有着密切的联系。专业课程的学时不多,但学生上课时获得的信息量很大,并被要求进行广泛的阅读,自主学习能力得到进一步提高。

我国 1957 年就在高校中开设了运动训练专业,开始培养运动训练方面的人才。但到目前为止,教师系统方面已执行了资格证制度,但在学校体育这一领域,由于大部分学校的运动队教练员都是由体育教师兼任的,因此,教练员几乎就是体育教师的“副业”。在这一部分教练员中,有小部分人是运动训练专业毕业的,但大部分教师是体育教育专业甚至其他体育相关专业毕业的。我国目前对各级学校运动队的教练员没有明确的人才规格要求,而专业运动队的教练员又大部分来自高水平运动队中的退役运动员。致使各体育院校运动训练专业的培养目标、课程设置,以及毕业去向等方面,都与体育教育专业非常相近。

根据目前高等教育发展的趋势,并结合运动训练专业生源的特殊性,加强通识教育,特别是在人文社会学、自然科学、个人在社会中的行为能力等方面的教育,是提高运动训练专业人才培养质量的重要保证。国外已有研究表明,教练员除了具备普通教师应该具备的能力以外,还必须具备把运动员培养成自信、自尊、自律、具有行动的勇气、能有效地发展循环、呼吸、神经等系统机能的人的能力。如果运动训练专业的学生在本身已经缺乏较好的文化基础的条件下,在本科阶段再不加强学习,那么在他们毕业时,是很难胜任培养运动员工作的。

在设置通识教育课程时,除了开设与各校的办学思想相统一的学校通识教育课程以外,必须增加相应的专业通识教育课程,不仅仅是各体育专业通修的生理、训练等科目,更要注重训练中的社会学问题等,这方面的教育对运动训练专业的学生来讲是十分重要的。在运动项目的属性层面上需要展开更多的工作内容,加强运动员对运动项目的认知水平,尤其是项目比赛的规定和制度、关键的流程以及合格运动员的标准和要求等,进而实现运动员的显著进步,而不是以往单纯在竞技能力方面上的提高。在此基础上,运动员竞技能力的增强需要科学地设置运动日程,运用当今飞速发展的科技手段,采用具有创新性的训练方式,并且给予科学有效的指导意见,大幅度地增强运动员的运动能力。然而,需要特殊注意的是,运动员在充分掌握运动项目所具有的本质属性之后还应该继续向前发展。

表 5-1　美国大学运动训练专业方向本科专业设置

排名	大学	学术单位	本科专业设置
1	宾州州立大学	运动机能学系	运动防护、运动科学、体育教育
1	康乃狄克大学	运动机能学系	运动防护、运动训练与管理、锻炼科学、力量与体能、运动管理
3	亚利桑那州州立大学	运动机能学系	锻炼科学、运动科学
3	伊利诺伊大学	运动机能学系	体育教育、运动训练资格认证、锻炼生理学、个人健身指导、运动心理学、运动防护
3	马里兰大学	运动机能学系	运动机能科学、体育教育
6	马萨诸塞大学	锻炼科学系(现改为运动机能学系)	运动机能学

续表

排名	大学	学术单位	本科专业设置
7	印第安纳大学	运动机能学系	体育教育、运动防护、锻炼科学、健身指导、体育信息、运动市场与管理、舞蹈、运动训练（辅修专业）
8	俄勒冈州州立大学	锻炼与运动科学系	体育教育、运动防护、锻炼科学、预防与应用健康、应用锻炼与运动科学
8	哥伦比亚大学	生命行为科学系	运动科学与教育
8	南卡罗来纳大学	锻炼科学系	健康体能、公共健康、动作控制、基础科学

（三）运动训练专业的就业现状

学生的就业方向大致包括但不限于：中小学教师、教练指导方向、训练管理方向、运动机能临床医生、康复、运动生理学、健康/体能顾问、营养师、力量/体能训练师、医学顾问等。另外，学生毕业后也可选择进入研究生阶段学习。

现在国家对教师行业的要求越来越高，为了迎合素质教育的要求，老师这一行业的表现越来越专业。反观教练员行业，民间的机构越来越多，做教练员的门槛也就越来越低，孩子接受的体育专业知识参差不齐。由此可以看出，运动训练专业的就业方向大幅向体育老师进行偏移，自身专业的就业不具有优势。

在当今社会，无论国内外，教练员这一行业正从一个副业逐步转变为一个职业。大部分人已经认识到需要有更多持证上岗的教练员。因为参与竞技体育的学生家长们拒绝孩子们接受不合格的教练员教授运动技能和技术，拒绝孩子们接受无组织的训练，使孩子避免不必要的心理上或生理上的伤害，他们需要更加高效且专业的指导。在运动损伤与康复方面，运动员同样也需要受到合理的保护与及时的救治。类似于这样综合性的课程设置和诸多资格认证方面的措施，有效地提高了教练员、康复师等执证人员的素质。

根据美国此方面的实践经验,教育和体育的行政部门建立教练员标准和资格认证系统,高校运动训练专业在进行专业建设时,将学历教育与教练员资格认证有机结合,是一个比较好的解决办法。这一方法可以有效地规范运动训练人才的培养,同时,由于目前我国运动训练专业培养的毕业生,大部分进入了各级学校担任教师,有效地提高各级学校的运动训练水平和人才培养质量。

如果体育院校的运动训练专业提供教练员资格证,体育教育专业提供教师资格证,那么,这两个专业不仅可以互为辅修专业,同时也可以使多年来两个专业的教学计划雷同的问题得到改善。

二、运动训练专业的质量管理与评价

教学管理制度是影响教学质量的重要因素之一,教学质量的高低又直接决定着培养人才的水平。各专业现今正致力于建立现代化、科学化的教学管理制度,设计并实施对教学质量的监督和评价,积极践行教学改革。为了推进构建运动训练一流专业的发展,教学质量更是至关重要,因此,结合运动训练专业特点和培养人才的标准,建立合理的运动训练专业教学管理制度。在课程、教学改革进程中,任课教师应严格把控教学质量,为运动训练人才培养提供保障。张燕杰等专家指出:“全面的教学质量管理通过高校的各级领导发挥作用,各级领导深入课堂,了解教师教学过程和学生学习环境,突出学生为教学的主体,提高教学质量。”

(一)进行运动训练专业的教学改革

1. 运动训练培养目标改革取向

运动训练专业的教学改革应结合运动训练培养人才的特点以及社会所需运动人才进行。运动训练人才以培养优秀大学生运动员、教练以及科研人员等为主要方向,但专业培养目标知识对所需培养人才的笼统描述,对课程计划的制订没有指明一个大致方向,具体的课程计划还太空乏,因此,我们必须把专业培养目标进一步具体化，即课程目标。高校运动训练专业应根据培养人才标准，细化运动训练培养目标，使其具备对学生专业知识和专业技能的评价功能，并且让学生掌握具体实践能力且能够达到相应水平。

运动训练专业，培养各个项目教练员方面人才，学校应通过具体化的课程目标要求，设置教练员培训课程进行培养，安排学生学习指导训练能力、指导比赛能力，如何进行运动员选材，提高管理运动队能力，并且指导学生学习先进仪器的使用，分析录像并且与案例分析相结合，通过理论联系实践并总结个人看法，培养学生收集问题、分析问题、解答问题的思路，对提升教练员职业起着明显的促进作用，从而使学生达到能够独立或在专业教练员辅助的情况下带领水平较低的队伍，进行科学化、专业化训练的水平，进而取得好的成绩。

教练员本身区别于老师，故而在培养方向上应区别于体育教师的培养，不单单涉及学校的教学环境，也不仅仅是针对青少年的学习对象，从多方面展开研究如何培养优秀教练员。保证运动训练专业培养出来的学生不单单能力强，而且可以更好地适应社会的各种竞争，最重要的是给所教授的学员以正确、规范的专业教学。

在执行这一措施的过程中，主要突出运动训练本专业的特点，以区别于其他体育相关类专业，防止出现专业人才培养的结果过于相似，以至于就业竞争压力过大，整取做到专人专项、各司其职。

2. 运动训练专业课程改革取向

运动训练专业与其他体育学科专业学生的区别在于运动训练学生的专业技术水平和专项技能较强，学生在各自专项的竞技水平不低，与专项相关的各种实践经验相对丰富，如裁判、教练员以及因参与训练或者比赛所遭遇的伤病处理方面。相比之下，体育教育等其他体育学科专业学生的学习能力及理论知识相对较强。因此，高校应提高运动训练学生的人文素质、专业理论知识，以及教学、训练的指导和管理能力。此外，学校还应重视选修课程开设比例，国内学者普遍认为必修课比例过高，而体现学生个性发展的选修课比例较低，再加上运动训练专业学生与体育教育学生的课程相差不大，这大大影响了学生的就业，导致就业竞争力也变得越来越大。因此，各高校应改善课程结构，优化运动训练课程体系，增加学生的个性化培养，结合本地区及学校特色和需求，开展相应的特色课程（游泳、潜水运动、冰雪项目等），对于培养应用和多元化人才有促进作用。

现今，很多运动训练专业的毕业生认为在校期间的经历没有能够很好地帮助自己在社会立足，自身找不到心仪的工作，拿不到理想的报酬。这是因为各高校对校外实习这一部分的忽略，虽然所有高校学生在毕业前都有实习的经历，但是由于种种原因，无法在当时体会到校外实习的重要性。例如，学生本身要考研，或者学校方面对实习要求过低等原因，都无法真正达到校外实习锻炼学生的目的。由于运动训练专业的学生竞技水平较高，除去校园内的理论课程，学校方面应注重校外实习部分。将校内课程所需的时间合理压缩，给予学生充分的社会工作实习的时间。学生通过工作所积累的经验，把自身的运动经历，参与训练与比赛的心得与工作内容相结合，使学生更快地融入社会。同时，学生在这一过程中明确自身的目标，是否继续求学，还是尽早投身于工作岗位。

对于各高校对运动训练专业的课程设置问题，在保有原本专业运动实践课程的基础上，在学生入学阶段加入思想政治课程还有职业规划课程。由于运动训练专业的学生本身的经济能力与经济经验丰富，将往常的专业课程再继续进行划分，整体课程分为更多的板块。同一教师所教授的一门专业课按学时比例将整体教学时间安排上不同的教学内容，如专项技战术教学课程、专项录像分析课程、转向运动伤病康复课程、专项自主教学课程等。区别于往常的专项课，仅仅是在专项技战术方向上进行研究。如此一来，学生们接触的方向更广，所面临的选择更多，为自身就业提供更多的可能性。而后思想政治和职业规划的课程紧跟而上。使运动训练专业的学生更快地适应新的学习环境，尽快从之前的生活中抽离出来，明确自身的目标，了解自身的价值，尽快找到努力的方向。不要荒度大学甚至研究生的时光，让学生们用最短的时间摆正自己的位置，正式面对毕业即就业这一事实，调整心态，迎接新挑战。专业课、思想政治课还有就业指导课程的安排为学生指明方向，逐渐认识到自己对自己的定位是什么，日后想要成为一个什么样的人，想做什么工作。这时将原本的必修课改为选修，让学生自主选择课程，为自己的目标而奋斗，争取好的实习机会甚至是就业机会。

(二)建立运动训练专业教学质量管理制度

在高校中，凡是有教学的地方就离不开教学管理的监督和评价，在教学质量的管理工作中，要依靠教学质量管理制度，建立运动训练专业教学质量管理制度，完善教学评价体系，是教学质量提高的重要保证。教学质量管理制度本身就是一个不断完善的过程，再加上对教学质量日益提高的要求，对教学质量管理制度的要求也随之增加。

高校教学管理制度是为了保障管理目标顺利达成，是一种辅助教学行为，是培养和规整大学生综合素养的必要办法，但目前，国内各高校的教学管理制度大多是根据校方管理需求提出及设定，其核心是以校方为主。因此，应从学校方面出发，根据运动训练人才的特点和培养方向，以及体育大众的需求，针对运动训练课程进行改革，通过完善教学管理制度，提高运动训练人才质量，满足社会需求。

1. 高校教学质量管理制度普遍存在的问题

现阶段高校教学管理普遍存在的问题主要集中在以下方面：

一是教学管理理念滞后，教学质量管理制度设计理念出现偏差，教学理念更新不及时，只重视制度效率，缺乏从实际出发结合高校及师生发展价值设计制度的理念，管理者与被管理者产生歧义，必然会影响教学管理效率。

二是教育制度落后，其主要表现为不以学生为考量主体，导致教学管理办法在一定程度上失效，师生相处出现问题，以及高校教师提高教学水平的动力被分散，高校教师逐渐走上学术研究的道路，忽视了教学工作和质量。

三是部分高校教学管理办法设定过于僵化，引发学生逆反心理，不仅降低了教学质量还降低教学管理整体效率。

四是学校缺乏对观点的创新和社会需求的预测,往往社会出现需求,学校根据需求开设课程或进行科研,导致人才培养跟不上社会需求,专业人才往往从紧缺突然转变为饱和,使就业率不稳定。

2. 运动训练教学管理制度的制定

根据以上高校教学质量管理制度出现的问题,建立运动训练专业教学质量保障制度,首先应保障运动训练教学质量,积极践行高校体育教学改革。以学生为考量主体,高校各级领导深入课堂,了解教学情况,重视运动训练学生技能与理论的学习。

由于教学大纲的限制,教师教学产生了许多局限,许多实用技能被舍弃,因此,应结合运动训练专业的特点,将教学大纲科学化、现代化,加强运动训练科研建设,提高对运动训练的课程创新和社会行业的预测,使培养的人才及时满足体育大众的需要,培养学生通过专业学习,对行业进行创新,满足运动训练专业学生就业。例如,高校运动训练专业对未来社会需求进行预测,老年健身可能会成为一种趋势,但由于老年人有慢性病等疾病,健身却缺乏科学性,因此,高校开设健身课程,不仅针对年轻人健身,还有老年人,是老年人能够专业、安全地强身健体。再加上疫情原因,健身房也需要控制人流甚至封闭,网络媒体的不断发达,在这种情况下,许多老年人更容易听信一些不专业的留言,导致受伤等情况。

除此之外,我们还应树立正确的高等体育质量观,明确运动训练人才在技术、知识层面所需要掌握的技能和理论知识,不断深化体育教学改革,满足市场和学生的需要。建立运动训练教学质量管理制度,要转变管理观念,加强学校管理、教师、学生的合作,学校通过管理制度,规划教师教学范围,给予教师在教学中的创新空间,而非捆绑在教学大纲上,死板地进行教学,只有教师的创新思路得到开放,有主动创新的空间,增强自身感染力,引导学生,逐渐关注专业的创新点。“实践及其发展的需要是认识、知识产生的根源和发展的动力”,只有让教师和学生不断地实践,才能够使其专业思路得到开发,如体能训练的教师和学生,只有不断带队、训练和学习及运用体能理论知识,才能够进行科研工作，才可以对专业的运用有所创新。

最后，应加强教学质量文化建设，提高高校运动训练专业领导、老师及学生的思想文化修养。

一是不能对学生只设置专业课程，应每学年都设置思想文化课程，增强专业知识的同时，提升个人修养和整体素质。

二是培养学生自觉性，大学以后的学习需要学生充分发挥主动性和自觉性，营造良好的学习氛围。

三是对高校领导和老师分别定时开展思想文化课程，要是高校领导和老师将培养出优秀的、适应社会快且专业的创新型运动训练一流人才，使领导和老师将工作与教育事业和自身价值紧密结合起来，能与学生相互评价，相互监督。

（三）运动训练专业教学质量监控与评价体系

运动训练专业教学质量多受教学理念、教学目标以及教师和学生质量等因素的影响，科学的教学质量管理制度对整个教学的质量监督和评价有着重要作用。根据学校教学总体目标下，教学监控体系可从教学监督、教学评估等方面开展工作，通过教学质量的监控与评价，及时获得教学过程中各个要素、各个环节和工作状态的信息反馈，对教学过程进行准确客观地监控、评估和调整。建立运动训练教学质量监控体系，对高校运动训练专业实施有效地教学质量监控，通过教学过程中的优劣评价，更新专业领导和教师的管理理念和教学观念，不断约束和激励教师和学生，促进高校运动训练专业的教学质量管理进入良好的循环体系，提高运动训练专业教学质量，使其更加专业化、科学化。

1. 运动训练教学质量监控与评价的问题

我国体育事业随社会的发展在不断地进步，但我国教学质量评价还在延续使用机械、僵化、落后的方法，不仅对教师的教学产生挫败，还对学生的地位有所忽略。

第一，教学质量评价一直以来是对教师教学进行整体评价，在课堂后或学期末给予一个总体评价，却忽略了教师在教学过程中的优点，教育评价专家皮尔伯格说过:“评价的目的不是为了证明,而是为了改进。”学校的这种评价机制仅仅是通过教师在一段时间的教学中出现的问题,而将此教师所有的教学方法、观念全部否掉,从而导致人才流失。

第二,由于高校教学质量评价太过偏向对教师教学的评价,忽视了学生的重要性及其中心位置。运动训练专业教学的最终目的是让学生掌握运动技能的基本技术及其理论知识,使其在带队训练、学校任职等就业情况下,能够灵活运用所学知识进行教学。而现实情况则是高校教学评价更注重对教师的课堂教学的评价,忽略了学生的身心感受、学习质量以及行为表现,长此以往,教师的教学活动也会失去意义。

2. 建立运动训练专业监控和评价体系

合理的评价体系既能够影响教学管理制度的建立,也会影响激励机制的确定,因此针对这些问题,高校应建立针对运动训练专业的监控和评价体系。对教师的评价不仅包括评价的总得分,还应包括对已提出问题的改正态度和切实改正的评价,这不仅反映教师的教学应变及其他能力,还能反映出教师对待教学的态度。学校设置合理的评价标准,分别针对教师教学的各个方面,并通过学生学习成果的反馈。例如,教案编写情况,训练安排是否合理等,评价教师教学质量。成立督导小组,把对教师各个方面的评价,如,教案编写、教学方法、专项教学、理论教学等,通过“优”“良”等等级展示给学生或学生代表进行二次评价,判断督导小组的评价是否合理,最后通过督导与学生的评价总结出综合评价。实施教师与督导、教师与学生、学生与督导的相互评价,这不仅能够贯彻落实学校的评价标准,还能够重视学生的学习成果和身心感受,对教师的教学质量从多个方面进行评价。

同时,建立切实可行的监控机制,结合运动训练教学质量管理制度、教学评价体系,首先对运动训练专业毕业学生的就业情况进行监控,在监控时,设置评价标准,包括专业课程运用、专项技能运用、就业技能和专业技能的联系程度等情况。通过监控就业情况,可以了解到本校运动训练专业学生的就业率,并通过就业后专业知识和技能的运用,对教学大纲、课程设置进行改进。其次,对教师教学进行监控，教师应根据教学大纲设置教学内容及框架，确保教学内容的合理性和科学性。最后，对思想教育课程的监控，保证思想文化课程开展的必要性，提高运动训练专业教师及学生的思想文化修养，使其能够成为学校所培养的目标人才。如某篮球队体能训练师，就业率相对较高，就业后，所学的专业技能与工作联系程度较高，学校应加大开设课程的力度，同时保证教学内容和教师本身的专业性，并对学生的专业有针对性地考核，通过对不同专项体能的创新，引导出新的课程，提高学生就业。

良好的监控和评价体系能够有效、直接地反映教师、学生的教学和学习情况，学校可针对此情况，根据不同教师、学生，确定相应的激励机制，使得教师及学生的潜能能够得到最大限度的调动，实现双赢。如何更好地了解学生和老师的需求，是需要从评价的侧面反映出来的结果。学生通过各种课程的学习，用长远的眼光看待问题，用终身学习的视角来分析问题。教师在学生不断学习的过程中，更应该重视自身角色的转换，亦师亦友。监控和评价的存在不是让师生心中产生芥蒂，而是为了更好的发现问题，解决问题。最终保证每一名运动训练专业的学生都能够找到心仪的工作。

三、运动训练一流专业的激励机制

激励是能够人们内在潜能，当今信息化社会，我国高校体育设施、器械相差不大，因此，需要通过其他手段来激励学校、教师、学生的不断学习，满足他们的正当且合理的需求。通过建立激励机制，促进教师教学工作，提高学生的学习效率和自主学习的能力。贾丽娟研究表明，激励机制对高等体育院校术科课程科研能力的构建都有显著而直接的正向影响效应。其他许多研究也都表明，合理的激励机制能够促进高校教师的科研和教学水平的提高，促进学生心理素质的提高，挖掘学生潜力，调动学习和实践的积极性。但现行的激励机制在实施时存在着许多共同缺点，导致教师和学生的自主积极性没有被充分调动。周婷在研究中表明，我国高校教师管理激励机制的不足存在手段乏味单一、方法不合理、时机把握不准确以及竞争机制不完善等问题，多限于固定时间段，欠缺灵活性、机动性。在此基础上，管理者与被管理者的歧义也会成为限制激励机制实施的问题之一，学校领导、教师在激励一部分教师、学生时可能会损害了另一部分的激励，甚至使学生产生逆反心理。同时，领导、教师在审核被管理成员的效率时也会产生一定的误差，无法进行学生们眼中公平、公正、公开的评价。因此，建立合理的激励机制，能够有效调动教师、学生的积极性，通过采用不同的激励方法，不仅能够激励教师、学生的工作和学习，还能够加强学校的管理工作，使学校的教学评价体系更加完善。

（一）对教师的激励机制

合理有效的激励机制能够激发教师队伍的主动性，对于教师的激励有物质激励以及非物质激励，物质激励主要包括薪资待遇以及物质奖励，而精神激励包括个人发展以及成就，因此，根据教师的物质激励以及非物质激励，对运动训练教师建立合理有效的激励机制。

（二）对学生的激励机制

现今各高校均以学生在校期间参与活动的多少、成绩的好坏、学术方面的成就三方面综合成学分，来评定奖学金多少。学生们在课余时间更多的是参与活动，研究学术，为此来获得奖学金。成绩的好坏关系着奖学金的多少，学生们只要不挂科，就可以按期毕业，如若不然，就是延期毕业，甚至拿不到毕业证。在学校的安排下，学生和老师们各自完成自身的工作和任务。对于学生来说，参加活动的初衷就是为了学分，并非是认为可以让自身有所提高，所以诸多的活动更多的是流于表面。这无疑是浪费了学生大量的实践，等到学生毕业后才开始抱怨着在校的经验太少，到社会上不够用，导致没有任何的价值，就业困难增加。随着运动训练一流专业的发展，对学生的激励手段应增加，奖励的方法也不再单一。

评定的方法除去原有的学生参与或举办活动、成绩或学术成就等方面，再加入三方评定:学生对学生的评价;教师对学生的评价;实习单位对学生的评价。三方拟出评分的标准和细则,对学生和老师同时进行监管和评价。各方针对学生本身的表现进行综合评定及打分,累计至毕业前期。

在奖励方面不仅仅是奖学金这一钱财上的奖励,更重要的是提供优良的就业机会。学生的在校表现越好,则实习单位的选择越多;学生在实习单位的工作成绩越突出,那么毕业时学校提供的就业机会越宝贵,直观的表现就是毕业后的收入和福利待遇。学生们入学的目光应直接看到未来的生活,优秀的学生理应得到更好的待遇,而表现不佳的学生更应该努力提高自身的能力,增加自身的竞争性。

学分和奖学金的奖励越大,学生们的自主性就越强,在校园中的行动力就越高。为了保证学生们在社会上不被淘汰,学校提供更加优质的实习环境供学生历练成长。最终,优异的学生找到心仪的工作,这是运动训练专业提高竞争力的重要手段。

四、结果与分析

学生和奖励分配制度以综合成绩的比例来划分,在学生未进入到实习阶段的学年度内,按照学分的多少发放奖学金。班级前50%的学生均获得奖学金的奖励,前10%为一等奖学金,以此类推学分排名在10%—25%范围内则获得二等奖学金,25%—50%获得三等奖学金。奖学金的奖励制度将贯穿学生的整个在校时间,在实习活动之前的一个学期,根据老师、学生等综合评价,给予成绩前30%的学生优先选择实习单位或推荐优秀实习单位的资格。而当学生毕业前的最后一个学期,视学生实习成绩等综合成绩排名,前5%的学生获得学校所提供的就业机会。

通过调查运动训练专业教师关于学生的就业方向,选择“中小学体育教师”是现阶段教师认为运动训练专业学生就业选择中最热门的方向,“青少年俱乐部教练员”与其选择人数相差不多,“学校管理人员”选择人数最低。由此,我们可以看出，在运动训练专业教师认为，中小学体育教师与青少年俱乐部教练员是学生就业的热门选择。

全部教师认为应对学生的实践能力进行评价。对于运动训练专业的术科课程教学内容，所有运动训练专业教师都认为，术科课程教学内容应与理论课程相结合，进行实践教学；96.97%的教师认为，术科教学内容设置与项目相关的技战术等技术；84.85%的教师认为设置专项及一般体能训练的教学；有81.82%的教师认为在教学内容中设置预防运动损伤及恢复以及项目相关规则等内容。并且，所有的教师都认为应该对学生的实践能力进行评价。由此我们看出，术科的教学内容应与理论知识结合在一起，注重理论的实践，而在学生的就业当中，体育教师、教练员等不仅需要学生具有实践能力，还需要学生有充足的理论知识来支持教学内容的科学性，以及实践理论的能力。

因此，对于运动训练一流专业的构建，首先，我们要培养实践能力较强的教练员和体育教师，因此，在运动训练课程的改革中，我们应在教学内容中增加学生实践理论知识的环节，使学生能够在实践中学习相关知识，并提高其应变能力，因材施教，对于不同的教学情况选择不同的教学方法，安排不同的教学内容，掌握课程节奏，能够随时应对突发情况。

随着社会的发展和科技的创新，教学内容和教学方法不断在实践中的创新，不同水平的学校和训练队伍也在不断更新教学和训练方法。81.82%的教师认为教学内容应每学年进行更新，而在实际教学工作中，有51.52%的教师每学年更新教学内容，30.3%的教师每学期更新一次。在当今快速发展的时代里，教学内容、方法等更新频率越来越快，因此，构建运动训练一流专业，应缩短教学内容、方法更新的时间间隔，杜绝不学习新理念、新方法等的思想和行为，通过多种途径，自媒体平台、期刊文献等方法，完善教学理念，更新教学方法，使学生接受更新、更科学地训练和教学，对其发展起到推进作用。

构建运动训练一流专业离不开合理的激励机制，合理有效的激励机制能够激发教师队伍的主动性，对于教师的激励有物质激励以及非物质激励，物质激励主要包括薪资待遇以及物质奖励，而非物质激励包括个人发展以及成就，我校运动训练教师对薪酬、绩效奖励、福利待遇等物质奖励的需求比重较大，除此之外，对于精神激励中的职位晋升和外出学术交流、培训等非物质奖励，教师同样也有较高的需求。据此，运动训练一流专业的构建需要建立合理有效的激励机制，加大对教师物质奖励的力度，在每学期或每学年的工作中给予外出学习的机会，培养高素质、高效率的运动训练教师团队。

我校运动训练专业教师有69.7%的教师有国家二级以上运动等级，其中健将级占总人数的51.52%。并且，60.67%的教师在本校工作已超过10年，而在教师队伍当中，没有思政教师。构建运动训练一流专业，教师团队中需要思政教师，充分利用课堂教学，使思想政治教育与其他课程通向同行。同时，在专业能力较强的教师团队中，更应建立严格合理的教学管理制度，充分利用优秀的教师团队，培养优秀的人才。

运动训练一流专业需要严格有效的管理制度，良好的管理制度能够促进教师队伍的发展，保障激励机制的实施。运动训练专业中，各教师有各自的岗位和职责，在构建运动训练一流专业的管理体系时，首先要有绩效考核标准，我校运动训练专业有96.97%的教师认为在绩效考核时应对各教师的岗位职责进行考核，评价该教师是否完成所在岗位的职责，并对其采取奖惩措施，将科研成果、社会工作成果等其他工作成果作为奖励考核中的参考因素，对于不合格者取消部分评优评先的资格，而对于不改正者采用降低岗位和津贴等相应措施。

同时，为保证教学管理制度的落实，成立相关的监督部门，对绩效考核、课程改革进行监督，使教师落实岗位职责，充分发挥主观能动性，保证教学质量和管理质量。

五、结论与建议

构建运动训练一流专业，设计一流的人才培养方案，打造一流师资队伍，建立一流的教学团队，从而设置一流的教学课程，培养一流的体育人才。这一过程是动态的，是教学管理、激励机制以及评价监督协同作用的成果。

(一)制订人才培养计划

首先,需要明确运动训练专业所需培养的人才,运动训练专业是要培养专业实践类的高水平人才,需要具有坚实的理论基础和高效的实践能力,而运动训练专业所招收的学生最低则是国家二级运动员,他们也都有过不同类型、不同形式的训练,虽然缺乏理论基础,但他们有丰富的训练、比赛经验和较高的运动水平。因此,我们要针对运动训练专业学生的特点制定人才培养计划,充分利用本专业学生的优势,利用他们丰富的训练和比赛经验,设置相应项目的课程,培养其专业理论,创造实践机会,为俱乐部、运动队等高水平团队输送体能、技战术教练员等人才,由此,开设针对性的课程,将专项理论和运动实践结合起来,设置足够的课时,提供相应的实习机会,使学生能够合理运用,为日后的经验积累打下坚实的基础。

(二)建立科学合理的管理制度

人才培养计划的实施同样也需要高水平教师来落实,只有合理的管理制度和激励机制才能最大限度地激发教师潜能:

第一,对教学内容的管理。提供给教师相应的更新教学内容的时间区间,并规定教师选用科学的平台进行学习、更新,紧跟时代进步的脚步,同时学习先进的教学、训练理念,总结教学、训练方法。

第二,加强思政课程建设。响应国家的号召,加强思政课程建设是每个专业、每个院校的重要工作之一,加强思政教师的比重和重要性,落实到每个部门、班级。

第三,对教师岗位职责进行管理。明确规定各个岗位教师的职责,布置教学或管理任务,使教师在工作中有目标和动力。

第四,对科研工作进行管理。当今社会,科技发达,抄袭、造假等现象层出不穷,因此,我们应把控好每位教师学生的科研工作和学习,把控好科研成果的每一层审核。

第五，对课程安排进行管理。教师所教授的理论必须有相应课时的术科课程，术科课程则必须有相应课时的理论课程。避免学生眼高手低，使学生能够在现实当中应用。

第六，对教师招聘的管理。将教师分为不同类型进行招聘：科研型教师、术科型教师、思政教师、理论教师等。

（三）建立科学准确的评价体系

管理制度、激励机制的落实，离不开科学准确的评价体系。

第一，确定绩效考核标准。不同的教师所在岗位不同，职业也就随之不同，不同的教师完成效率也会大不相同，因此，准确的绩效考核标准，能够公平地对待每位教师的工作任务和贡献。对于超额完成工作任务的教师，给予相应的奖励；对于未完成任务的教师，给予相应时间弥补并轻度处罚；对于超出规定时间依旧未完成的教师，给予相对严重的处罚。

第二，建立相应的评价和监督部门。为了高效、公平地对教师进行评价，应建立评价和监督部门，依据评价标准对教师进行评价和监督。

（四）建立合理有效的激励机制

为了使管理制度充分发挥管理的作用，并且激发教师的潜能，应设置合理有效的激励机制。

确定对教师的激励形式，以物质激励所占比重较大，非物质激励较小，对取得不同成果的教师采取不同的激励形式。

1. 取得科研成果

作者为第一作者或团队负责人，被 Science 等国际期刊、国内核心期刊等收录，给予其物质奖励（奖金等）及非物质奖励（评优评先，职称等）。

作者代表单位完成不同级别课题，且获得奖项，给予其相应的奖金或非物质奖励。

作者编写、完成学术专著，并以第一作者出版，给予相应的奖金或非物质奖励。

2. 获得重大比赛奖项

教练员作为主教练带队参加市级以上比赛，并获得名次，给予相应的物质奖励或非物质奖励。

教师作为教练员或体能教练、技战术教练等参加国际大赛，按照其担任职务的重要程度，给予相应的奖励。

3. 培养学生获奖

教师培养硕士、博士研究生取得相应的科研成果，按照学生所获奖项的重要程度。给予教师及学生相应的奖励。

教师作为主教练参加市级以上比赛，并获得名次，按照团体及个人比赛，给予相应的奖励。

参 考 文 献

［1］吕季东. 美国运动训练专业本科教学计划的特点与启示［J］. 上海体育学院学报,2007(01):76－81.

［2］殷娜娜. 我国特色运动训练及其科学化探析［J］. 当代体育科技,2020,10(27):84－86.

［3］赵乃杰. 影响运动训练专业大学生理论课学习的因素及对策研究［J］. 文体用品与科技,2020(21):173－174.

［4］连治. 运动训练专业学生学习动机水平的现状及对策——以山西师范大学为例［J］. 当代体育科技,2020,10(17):72＋74.

［5］张燕杰,姜欣童. 高等教育教学质量保障与评价体系建设研究［J］. 决策探索(下),2020(11):89－90.

［6］赵子建,黄汉升. 高等体育院校教育质量保障及评价体系的理论分析与构建［J］. 天津体育学院学报,2006(04):284－287.

［7］王亚非. 基于素质教育的高校教学管理制度改革研究［J］. 中学政治教学参考,2020(25):102.

［8］杜文娅,孙越颖,仇军,等. 体育教育专业教学质量保障体系研究［J］. 北京体育大学学报,2020,43(05):108－119.

［9］贾丽娟,吴鲲. 高等体育院校术科教师激励机制研究［J］. 成都体育学院学报,2013,39(04):81－86.

［10］田思源,朗福资. 激励机制在《全民健身条例》实施中的运用［J］. 体育学刊,2012,19(02):63－68.

［11］宋信勇. 对我国省属高校运动训练专业人才培养目标的审视与思考［J］. 武汉体育学院学报,2013,47(11):86－89.

[12] 王红雨,张庆文.我国体育院校运动训练专业人才培养模式的现状与建议[J].体育科研,2007(06):85-87.

[13] 王兴,朱百顺,蔡犁,司虎克.运动训练专业人才的培养[J].体育学刊,2004(04):118-120.

[14] 钱锋,孙有平.高师运动训练专业课程设置的比较[J].体育科研,2009,30(06):83-86.

[15] 俞爱玲.美国印第安纳大学体育教学与运动训练复合型人才培养课程体系[J].山东体育学院学报,2004(01):82-84.

[16] 刘波.德国运动训练专业课程设置及对我国的启示[J].上海体育学院学报,2011,35(04):77-80.

[17] 李兴琼.基于教师利益视角对教学质量管理制度的审视[J].教育与职业,2014(08):27-28.

[18] 朱永江.高校教学质量管理制度的缺失与重构[J].教育探索,2010(11):63-64.

[19] 任仕君.高等教育教学质量管理制度建设需要三个转变[J].现代教育管理,2013(05):87-90.

[20] 沈丽群,季浏.基于课堂观察下的新体育课堂教学质量评价研究[J].上海体育学院学报,2011,35(06):88-91.

[21] 毛坤,周凤桐,张棣.高等院校体育教学质量评价系统研究[J].吉林体育学院学报,2009,25(02):102-104.

[22] 谢慧松,孙南,陈岭,章潮晖.体育院校本科教学质量监控体系及评价指标研究——以北京体育大学为例[J].北京体育大学学报,2013,36(05):83-88.

[23] 杨玲,陈红刚,王伟明,宋经保.高校体育文化教育的保障机制[J].体育学刊,2016,23(03):116-122.

[24] 周婷.高校教师管理激励机制探析[J].中国成人教育,2016(04):58-60.

[25] 胡鹏.论教学管理激励机制的构建[J].教学与管理,2008(18):20-21.